T0277721

LUIS DE CARLOS BERTRÁN
Y ENRIQUE ORTEGO
(Coordinadores)

Caballero del honor
Luis de Carlos, presidente del Real Madrid (1978-1985)

ꝑ

ALMUZARA

© Luis de Carlos Bertrán, 2023
© Enrique Ortego, 2023
© Editorial Almuzara, s.l., 2023

Primera edición: septiembre de 2023

Las fotografías @ Real Madrid han sido facilitadas por el Centro de
Patrimonio Histórico del Real Madrid (Fundación Real Madrid), las
identificadas como @ ABC han sido facilitadas por Archivo ABC.

Editorial Almuzara • Memorias y biografías
Director editorial: Antonio Cuesta
Editora: Ángeles López
Maquetación: Joaquín Treviño

www.editorialalmuzara.com
pedidos@almuzaralibros.com - info@almuzaralibros.com

Editorial Almuzara
Parque Logístico de Córdoba. Ctra. Palma del Río, km 4
C/8, Nave L2, nº 3. 14005 - Córdoba

Imprime: Black Print
ISBN: 978-84-11318-37-2
Depósito legal: CO-1270-2023
Hecho e impreso en España - *Made and printed in Spain*

A la Fundación Real Madrid, al Centro de Patrimonio Histórico del Real Madrid, a la Asociación de Veteranos del Real Madrid y al Archivo ABC con nuestro agradecimiento por su inestimable colaboración.

Índice

Prólogo 9
    Por Florentino Pérez

La leyenda blanca 15
    Por Manuel Jabois

Luis de Carlos en la intimidad 17
    Por Luis de Carlos Bertrán

El talante de un caballero...27
    Por Enrique Cerezo

El señorío de Luis de Carlos 29
    Por Jesús Bengoechea

Fiel colaborador de Santiago Bernabéu 33
    Por José Manuel Otero Lastres

Una nueva etapa 55
    Por Julián García Candau

El guardián de Bernabéu 61
    Por Pablo Sebastián

La danza de las ballenas. Cuando el tiempo
se detuvo para De Carlos y Bernabéu 63
    Por Bieito Rubido

Un hombre entregado al Real Madrid 67
    Por José Martínez Sánchez «Pirri»

Tiempos de escasez y austeridad..71
    Por Vicente del Bosque y José Antonio Camacho

De Carlos y Tarradellas: una pequeña gran historia 79
    Por Ignacio Astarloa Huarte-Mendicoa

Una final de Copa única e irrepetible 105
    Por Ricardo Gallego

El mejor club de Europa en 1980 107
    Por Enrique Ortego

Una época de paz y tranquilidad en el club 111
    Por Carlos Santillana

El fútbol español e internacional (1978-1985) 115
    Por Alberto Cosín

La Séptima se escapó en París 121
    Por Enrique Ortego

La final del Mundial 82 y la remodelación del Bernabéu 127
    Por Inocencio Arias

La visita del Papa Juan Pablo II a España 145
    Por Pedro Antonio Martín Marín

La adaptación de los estatutos del club a los nuevos tiempos 149
    Por Marta Silva de Lapuerta

Las elecciones de 1982 153
    Por Borja Martínez-Echevarría

El regreso de Alfredo di Stéfano 175
    Por Emilio Butragueño

Simplemente, una generación de muchachos 179
    Por Miguel Pardeza

El miedo escénico es mucho más que el
acobardamiento de nuestros adversarios 183
    Por Jorge Valdano

Una época maravillosa en el baloncesto 187
    Por Lolo Sainz

Como un padre para mí 201
    Por Gerardo Andrés Tocino

La peña presidente Luis de Carlos 207
    Por Gonzalo de Carlos Martín-Lagos

El foro Luis de Carlos: la reflexión necesaria 211
    Por Enrique Sánchez

Epílogo. Emoción, orgullo y agradecimiento 215
    Por Pepe y Jaime de Carlos

Anexos 229
    Solicitud socio Luis de Carlos 229
    Discurso de toma de posesión 230
    Declaración de principios 239
    Estatutos Real Madrid 1982 243
    Estadísticas 266

Prólogo

Por Florentino Pérez[*]

---

[*]   Presidente del Real Madrid.

El Real Madrid es la institución deportiva más prestigiosa, y la más querida y admirada del mundo. Nuestro club representa a millones de personas que se emocionan y sueñan con este escudo y esta camiseta. Más allá de la procedencia, de lenguas, religiones, ideologías o culturas, a todos nos une un mismo sentimiento que es el madridismo y que es universal.

Y este sentimiento se ha ido transmitiendo de padres a hijos, de generación en generación. Igual que nuestros valores, que son los pilares que han sostenido y seguirán sosteniendo la historia y la leyenda del Real Madrid, construidas desde nuestro afán de superación permanente, el sacrificio, el trabajo, la humildad, el respeto, la solidaridad, y esa seña de identidad que marca nuestro destino y que explica nuestra increíble relación con lo imposible: no rendirnos nunca y luchar siempre hasta el final.

Ser del Real Madrid es una actitud y una forma de afrontar la vida, con generosidad, con responsabilidad y también con una enorme gratitud hacia todas aquellas figuras de las que nos sentimos orgullosos todos los madridistas.

Y sin duda, una de esas figuras que forman parte de la grandeza de nuestra historia y que estará siempre en la memoria y en el corazón de todos los que amamos a este club, es nuestro querido presidente Luis de Carlos.

Cuatro décadas después, y tras presidir el Real Madrid durante siete años, el madridismo aún le recuerda con admiración, con respeto y, sobre todo, con un cariño extraordinario porque, más allá de haber contribuido, como lo hizo, a engrandecer el palmarés de nuestro club, fue un presidente que representó de manera ejemplar esos principios que, para nosotros, son sagrados.

Luis de Carlos recogió el testigo de nuestro mayor referente, el hombre que cambió la historia del Real Madrid y que había cambiado para siempre la historia del fútbol mundial: Santiago Bernabéu. Junto a él ya formaba parte de la Junta Directiva del club desde 1956 y en 1962 fue nombrado tesorero del Real Madrid. Sabía perfectamente la responsabilidad que asumía porque vivió junto a Santiago Bernabéu el nivel de exigencia que nos imponemos los madridistas.

La sucesión no era fácil. Y Luis de Carlos la hizo con señorío y con la grandeza que requería un momento tan delicado y tan complejo para nuestra institución. Ejerció la presidencia del Real Madrid con una serenidad admirable y se ganó el respeto de todo el mundo del fútbol.

También era un Real Madrid en plena transición, como aquella España que se disponía a vivir una nueva etapa de la historia. La España de la Constitución, la de Adolfo Suárez, la de Felipe González… y la de tantos acontecimientos que permanecen ya en la memoria colectiva de nuestro país, en aquellos difíciles comienzos de nuestra democracia.

Luis de Carlos fue nuestro presidente desde 1978 hasta 1985. En una España compleja pero repleta de ilusiones y con la clara vocación de fortalecer nuestra propia convivencia. Y el fútbol, como ocurre en todas las épocas, era también el reflejo de aquella sociedad.

Hoy, con la ventaja que da la perspectiva del tiempo, los madridistas nos sentimos orgullosos de haber tenido un presidente como Luis de Carlos en un tiempo tan difícil. Con él llegaron quince títulos en siete años. En fútbol, una Copa de la UEFA, dos Ligas y dos Copas del Rey. Y en baloncesto, una Copa de Europa, una Copa Intercontinental, una Recopa de Europa, cinco Ligas, una Copa del Rey y una Supercopa de España.

En estos números hay historias inolvidables. El Real Madrid de la Quinta del Buitre, el de la llegada de Laurie Cunningham y de Valdano, o el de gigantes en los banquillos como Di Stéfano, Amancio, Molowny y Boskov.

Fue el Real Madrid de aquella histórica remontada frente al Anderlecht, en el camino hacia nuestro primer título de la Copa de la UEFA. Y bajo la presidencia de Luis de Carlos, un partido que quedó para siempre en la memoria de nuestro club y en la del fútbol español: el Real Madrid y el Castilla en la final de la Copa de España de 1980. La primera y única vez en la historia que una final de Copa la disputaron un primer equipo y su filial. Fue también la primera vez en la que un equipo filial jugó la Recopa de Europa.

Aquella misma temporada, el Real Madrid de baloncesto conquistaba en Berlín su séptima Copa de Europa frente al Maccabi, con aquel equipo mítico de los Corbalán, Rullán, Brabender o Walter Szczerbiak, liderados por nuestro legendario entrenador Lolo Sainz.

Con Luis de Carlos llegaron también Fernando Martín, Delibasic, Biriukov, Romay, Antonio Martín, entre tantos nombres que agrandaron la leyenda del Real Madrid de baloncesto.

Y fue el presidente que preparó el estadio Santiago Bernabéu para la celebración del Mundial de España 82. Con una gran transformación hizo posible que todos los madridistas y todos los españoles nos sintiéramos orgullosos de la imagen de nuestro estadio como símbolo de nuestro país para el mundo.

Y todo esto en medio de enormes dificultades económicas que hoy nos hacen valorar aún más todo lo logrado en aquella época.

Ahora contemplo con gran satisfacción el recorrido de una de las primeras decisiones que tomé junto a mi Junta Directiva, cuando tuve el privilegio de llegar a la presidencia del Real Madrid: la creación en 2001 del foro que lleva su nombre, el Foro Luis de Carlos, en honor a uno de los grandes presidentes de nuestra historia. Un foro de opinión y de debate sobre los grandes hitos del deporte con la presencia de personalidades nacionales e internacionales de todos los ámbitos, como homenaje a su figura y especialmente a su talante.

Quedará para siempre su legado. Luis de Carlos era el Real Madrid. Símbolo de sus valores y representante ejemplar de lo que significa este escudo. Tal como refleja esta obra, su historia es también la historia de nuestro club. Como dice nuestro himno, un «caballero del honor» que vivió por y para el Real Madrid.

La leyenda blanca

Por Manuel Jabois[*]

Lo más paradójico de la leyenda blanca es que llevaba muchas décadas en marcha como para activarse de nuevo, sin ton ni son, y de un modo absolutamente enloquecido, en un descuento. Pero al fin y al cabo aquel descuento de Lisboa en 2014 ponía el marco a un cántico que había prendido en el madridismo hasta convertirlo en ley: «Hasta el final, vamos Real». De aquel partido solo podía escribir juiciosamente un loco. El único club que tiene perdido un título y manda llamar en el último minuto a Asuntos Internos. Lo que hizo en Lisboa fue algo inédito: vencer desde la derrota, ganar asumiendo el karma de equipo pequeño que él mismo se encargó de propagar. El final de Liga lo había retirado a la posición de paciente. Toda la dominación psicológica que el equipo tuvo a la vuelta de Múnich la dilapidó pronto, como si la vieja prepotencia del Madrid le viniese incómoda para sus fines violentos. Fueron doce años viviendo con la obsesión de la Décima mientras el vecino los veía salir a jugar fuera. Un vecino apocado en la planta de abajo que, envuelto en una rutina de administrativo, veía todos los años en el ascensor al ejecutivo con traje y billete de avión hacia misiones sagradas. Cuando por fin el Madrid alcanzó el partido soñado, allí estaba aquel, el del segundo, sustituyendo los albaranes por una mirada trastornada de hombre en trance. Era el Atlético de Madrid. Rodeado por decenas de miles de hinchas necesitados de sacudirse al imperio de encima.

---

[*]   Periodista y escritor.

Los desheredados. Los sin tierra. Y venían a quitarle la Décima al Madrid. Y se la quitaron, vaya si se la quitaron. Lo hicieron hasta el último segundo. Lo único que permitieron, ya al final de todo, como una especie de concesión magnánima, fue dejar saltar a Sergio Ramos.

Volvimos a vernos en Milán, dos años después. Y el Madrid siguió solo dibujando su círculo de gloria hasta París 2022, cuando derrotó al Liverpool después de la Champions soñada. Lo escribí entonces y lo repito ahora después de los pocos minutos en los que el Madrid batió al City de Guardiola: cuando ya nadie nunca nada, el Madrid siempre todo. «Yo no sé cómo explicar, ni quiero, lo que pasó en el Bernabéu, y en los lugares en los que se estaba viendo televisado el Bernabéu, cuando el Real Madrid marcó en el descuento (su territorio natural) el segundo gol contra el City. Solo sé que nunca el Madrid fue más Madrid que en ese gol, y en los minutos que siguieron, y que todo lo que pasó en el Bernabéu después, y en los lugares en los que se estaba viendo el Bernabéu, lo recordaremos los madridistas mientras vivamos y quizá, como también hace el Madrid, después de muertos. Porque no hay modo de olvidarlo aunque se quiera, y quién va a querer olvidar algo así. Quién quiere explicaciones racionales cuando se le entregan emociones así: quién quiere saber por qué salta gritando de alegría si ya está saltando de alegría; es mejor que nadie te explique nada, ya nos explicamos esto nosotros solos. Este es el Madrid y esta es la Champions, y estos son no los partidos, sino los minutos que definen la historia de un club y su relación con los aficionados. Esta es la leyenda haciéndose en directo delante de nuestros ojos. Estas son las cosas de las que se hablará dentro de cien años. Y nosotros las hemos visto».

Efectivamente, las hemos visto.

Luis de Carlos en la intimidad

Por Luis de Carlos Bertrán*

Luis de Carlos Ortiz nació en Madrid el 25 de enero de 1907. Era el quinto hijo de Manuel de Carlos Colmenero y de María Ortiz Gómez de las Bárcenas.

Su abuelo paterno fue Abelardo de Carlos, nacido en Cádiz en 1822 y fallecido en Madrid en 1884. Huérfano de padre, Abelardo de Carlos fue un gran empresario que cambió el periodismo español. Editó dos de las publicaciones de mayor éxito de su tiempo, *La Ilustración Española y Americana* y *La Moda Elegante Ilustrada*, y formó un grupo empresarial verticalmente integrado, para lo que adquirió una papelera en Tolosa, La Guipuzcoana, y una imprenta en Madrid, Sucesores de Rivadeneyra. También hizo importantes inversiones inmobiliarias, como promover la construcción de varios edificios de viviendas, que aún hoy se conservan, en la confluencia del paseo de Recoletos con la calle Recoletos.

El padre de Luis de Carlos Ortiz —Manuel de Carlos Colmenero— fue el tercero de los hijos del segundo matrimonio de Abelardo de Carlos. Estudió en el colegio del Recuerdo, de los jesuitas, se licenció en Derecho y ejerció como abogado. También tuvo una fugaz carrera política. En 1909 Manuel de Carlos fue elegido concejal del Ayuntamiento de Madrid por el distrito de Palacio como representante de Defensa Social, una organización política conservadora.

---

* Nieto de Luis de Carlos Ortiz. Abogado.

Manuel de Carlos Colmenero se casó en 1900 con María Ortiz Gómez de las Bárcenas. Esta era hija de Joaquín Ortiz Sainz y de Pilar Gómez de las Bárcenas. Joaquín Ortiz Sainz había heredado un gran patrimonio, incluido el palacio de Indo en La Castellana (sobre cuyo solar se levanta actualmente la sede de la Mutua Madrileña), de su tío Miguel Sainz de Indo, hermano de su madre, que había hecho fortuna en Cuba y promovido en Madrid el barrio de Indo, en terrenos situados alrededor del paseo del Cisne (hoy Eduardo Dato).

Manuel de Carlos y María Ortiz fueron padres de doce hijos, cinco varones y siete mujeres, de los cuales Luis fue el tercero. Le bautizaron con ese nombre en honor a Luis Moreno Gil de Borja, que había sido el tutor de su padre.

Manuel de Carlos fue un gran católico, caballero del Pilar y adorador nocturno, y falleció de tuberculosis a los cincuenta y nueve años, el 14 de mayo de 1936. María Ortiz le sobrevivió diez años y murió el 11 de enero de 1946. Esposa y madre muy querida, su entierro fue multitudinario.

Luis de Carlos Ortiz, como su padre, estudió en el colegio del Recuerdo, en el que estuvo interno. Empezó la carrera de Medicina, pero su gran pasión eran los automóviles, que por aquellos años empezaban a popularizarse. Un día vio un anuncio de un puesto de trabajo en la General Motors y se presentó para solicitarlo. Le recibió la secretaria del presidente, Margarita Taylor, que en 1931 fundó el famoso salón de té Embassy, donde se desarrollarían durante la Segunda Guerra Mundial importantes actividades de espionaje en favor de la causa aliada. La señora Taylor le preguntó si sabía hablar inglés y, ante su negativa, le recomendó una academia para un curso intensivo. Asistió a ella durante unos meses, al cabo de los cuales volvió a ver a la señora Taylor, que le ofreció un trabajo a prueba en una gira que la General Motors iba a hacer por toda España para presentar sus modelos. Superó la prueba y comenzó a trabajar para la empresa. Los comienzos fueron duros, barriendo los almacenes y controlando *stocks*, vestido con su bata azul. Cuando llegaba a casa cansado del trabajo su padre le decía: «¿No querías dedicarte a los automóviles? Pues empieza desde abajo». Fue subiendo escalones poco a poco y aprendiendo el negocio, que tenía gran futuro. Al cabo de unos años se independizó, y con un gran amigo, Pepe Tabanera, montó un concesionario de Peugeot en la calle Núñez de Balboa.

En 1929 se casó en la iglesia de la Concepción de la calle Goya con Concepción Grau Campuzano, hija de José Grau Moreno, de ascendencia cubana, y de Marta Campuzano. José Grau, ingeniero de Montes, era muy amigo de los hermanos Padrós, fundadores del Real Madrid, y tuvo una gran influencia en la futura afición de toda la familia por el equipo blanco.

Tras la boda, se instalaron en un piso alquilado en la calle Villanueva esquina a Velázquez. Allí nacieron sus hijos José Manuel (llamado así en honor a sus dos abuelos, pero conocido como Pepe) y Luis Alfonso. El tercero, Jaime, nació en San Sebastián en 1937, en plena Guerra Civil.

Al finalizar la guerra, la familia se instaló de nuevo en Madrid en otro piso alquilado, esta vez en la calle Serrano, 85, en la que Luis de Carlos Ortiz viviría el resto de su vida, muy cerca, por cierto, de la calle Hermanos Bécquer, donde vivía Santiago Bernabéu.

Y volvió al mundo del automóvil. En aquel momento las dificultades eran muy grandes y no había divisas para importar coches. El negocio más importante en el ramo de la automoción eran los talleres de reparación, que tenían un trabajo enorme, para hacer funcionar los viejos automóviles y camiones que había en España. Abrió «Mi Garaje» en la calle Villanueva, que funcionó muy bien desde el primer momento, y después un segundo local en la calle Claudio Coello. También compró dos taxis que funcionaban con gasógeno, porque no había casi gasolina.

Posteriormente, al aumentar la disponibilidad de divisas y poder empezar a importar coches extranjeros, se asoció con los hermanos Ibán, de León, donde tenían un garaje muy importante. Consiguieron la representación para España de los coches ingleses British Leyland, cuyo modelo Mini Cooper tuvo un gran éxito. También importó los famosos taxis de Londres, que tuvieron una gran acogida.

Constituyeron SACAI (Sociedad Anónima de Camiones y Automóviles Ingleses), con sede en Alcalá, 101. Construyeron un edificio para las oficinas e instalaron en la planta baja una exposición de coches que durante muchos años fue la mejor de Madrid. El arquitecto fue Luis Blanco Soler, que después construyó los más avanzados edificios de El Corte Inglés y también el Hotel Wellington, propiedad de los hermanos Ibán.

En 1942 Luis de Carlos se hizo socio del Real Madrid. Antes de hacerse socio, iba siempre que podía a ver jugar al equipo. El último partido que vio antes de la guerra fue la llamada «final del agua» (por lo que llovió), que se jugó en Mestalla (Valencia) el 21 de junio de 1936 y en la que el Madrid derrotó al Barcelona, con la actuación destacada del gran portero Ricardo Zamora.

También entabló una gran amistad con el que luego fue nuestro inolvidable presidente Santiago Bernabéu. Su cuñado, Félix Ortiz Guillén, casado con Carola, hermana de su mujer, era íntimo amigo de Santiago Bernabéu. Compañero de colegio y con una estrecha relación personal, Luis de Carlos era un poco más joven que ellos, pero muchas veces los acompañaba a teatros con espectáculos musicales, donde les daban entradas gratis con la obligación de aplaudir (lo que se llamaba «la *cla* [claque]»). Cuando Santiago Bernabéu fue proclamado presidente del Madrid, tanto a su amigo Félix como a mi abuelo Luis les propuso entrar en su Junta Directiva. Félix era más amante de la música que del fútbol y nunca quiso involucrarse. Mi abuelo en aquel momento estaba centrado en su trabajo, por lo que también rechazó la propuesta.

Desde 1943, Santiago Bernabéu, siempre que coincidía con mi abuelo, le insistía para que se uniera a la directiva. A principios de los años cincuenta dio un primer paso al aceptar formar parte de la Comisión de Disciplina, de la que eran miembros otros buenos amigos suyos, como Paco Ussía y Emilio Villa, padre del que luego fue internacional con el Zaragoza. Y en 1956, cuando sus negocios automovilísticos ya estaban consolidados, aceptó finalmente integrarse en la Junta Directiva del club, primero como vocal y luego como tesorero. Como directivo del Real Madrid, vivió la etapa gloriosa de Di Stéfano y las seis primeras Copas de Europa.

Su otra gran pasión fue Viveiro, bella localidad del norte de la provincia de Lugo, donde pasaba sus vacaciones de verano desde 1944. Siempre decía: «Yo soy veraneante del norte, fresquito, dormir con manta, un baño rápido en el mar y comer muy bien». Y así fue recorriendo el Cantábrico y veraneando en San Sebastián, Zarauz, Comillas, Salinas y, por fin, en Viveiro. Allí fue feliz desde el primer día que llegó. En aquella época no había casi veraneantes y la relación se hacía con la gente del pueblo. Hay que tener en cuenta que llegar a Viveiro era una hazaña en aquellos tiempos. Había que ir en coche por malas carreteras, con neumáticos en mal estado y pocas gasolineras. El viaje duraba muchas horas.

En los primeros veranos se alojaban en el Hotel Venecia, que era utilizado en invierno por los viajantes de comercio que iban por la zona. Mi abuelo era muy cercano e hizo grandes amigos en Viveiro, como Celso Varela, el farmacéutico, extraordinaria persona en cuya rebotica organizaba grandes tertulias a las que asistían armadores y patrones de pesca, cuyas experiencias marineras en el Gran Sol eran apasionantes.

Después de un tiempo consiguió su sueño y edificó un precioso chalé en Viveiro para veranear con su familia. Se lo encargó a su amigo Luis Blanco Soler, un gran arquitecto. El chalé se llamaba «Quince Colinas» en referencia a las que se divisaban desde él, y estaba situado en la playa de Covas.

Disfrutaba mucho de su casa de Covas, pero nunca olvidaba el fútbol. Naturalmente, asistía a todos los partidos que se celebraban en Viveiro cuando estaba allí, y en 1959 le nombraron presidente honorario del Viveiro C. F. Periodistas de Lugo, La Coruña y Madrid le visitaban constantemente. Cronos, periodista de *Marca* que veraneaba en Viveiro, Geriño, natural de Viveiro, y Luis Neira tuvieron gran relación con mi abuelo y organizaban tertulias futbolísticas. Para Viveiro era un orgullo tener allí a mi abuelo, al que también iban a visitar desde los pueblos cercanos y le pedían que fuera a inaugurar campos de fútbol o a presidir torneos, ya fuera en Ortigueira, Burela, los torneos Emma Cuervo de Ribadeo, o Conde de Fontao en Foz, Concepción Arenal en Ferrol o el destacado Teresa Herrera de La Coruña, al que apoyó mucho Bernabéu y luego siguió apoyando mi abuelo. Paco Vázquez, alcalde de La Coruña, con el que tenía una buena amistad, siempre le pedía que fuera el Madrid. Y el abuelo en broma le decía: «¡Pero si tú eres del Barcelona!». Y Paco le contestaba que él sí, pero que el que llenaba Riazor era el Madrid.

Muchos padres venían a recomendar a sus hijos para que les hicieran una prueba en el Real Madrid, y alguna vez el sueño se convirtió en realidad. Así sucedió en 1949. Ángel Atienza jugaba en el Viveiro. Mi abuelo le vio jugar y le gustó. Se lo recomendó a su amigo Pepe Páramo, presidente del Lugo, que lo fichó. De ahí pasó al Zaragoza y finalmente al Real Madrid, donde estuvo desde 1954 a 1960 y ganó las primeras cuatro Copas de Europa y otras tantas ligas. De esta forma, gracias a mi abuelo, un jugador del Viveiro llegó al estrellato.

En Viveiro también disfrutaba del mar. Primero alquiló una barca de remos con una vela. Luego se hizo con una lancha muy marinera, con la que disfrutaba muchísimo y salía todas las tardes al mar con su marinero José. Le gustaba mucho la pesca a cacea (con hilo y cebo). Un verano invitó a Santiago Bernabéu a Viveiro a pescar e incluso se aventuraron a ver el paso de ballenas en Moras, aunque no tuvieron éxito.

El abuelo era muy divertido, muy dado a la broma, y en Viveiro, donde estaba relajado y sin obligaciones, daba rienda suelta a esa faceta más desconocida de su personalidad. Era el organizador de todas las actividades de su pandilla, como ir a las romerías de la zona (Portochao, Naseiro) y visitar los puertos cercanos (Bares, El Barquero). Y también organizaba los bailes de disfraces en el casino.

A finales de los sesenta, Concha, su mujer, le convenció para que se retirara de los negocios y para que disfrutaran juntos de una merecida jubilación. Con esa idea, vendió a los hermanos Ibán su parte en el negocio automovilístico; pero, desgraciadamente, en marzo de 1971 su querida esposa Concha falleció inesperadamente de un infarto de miocardio. Su familia y el Real Madrid fueron las pasiones a las que dedicó su vida desde entonces.

Era un auténtico abuelazo. Recuerdo que venía a vernos a casa muchas tardes para jugar con nosotros y nos ayudaba con las tareas escolares. Muchos jueves nos recogía en el colegio, nos llevaba a merendar tortitas con chocolate a California 47 y luego a la Ciudad Deportiva a ver jugar al Real Madrid de baloncesto. Y los domingos, al fútbol. En Semana Santa y verano íbamos con él a Viveiro, donde pasábamos largas temporadas. Le gustaba mucho el cine y nos llevaba a menudo al Lope de Vega o al Fuencarral, propiedad de su amigo Paco Lusarreta, vicepresidente del Real Madrid, a ver los últimos estrenos (*El golpe*, *Tiburón*, etc.). Era cariñoso, cercano y atento, y disfrutábamos mucho con él.

También se volcó en el Real Madrid y viajaba con mucha frecuencia por España y por Europa como delegado del equipo, tanto de fútbol como de baloncesto. En aquella época el equipo viajaba por España mucho en tren. Salían el viernes y regresaban el domingo en el coche-cama después del partido. La relación con los directivos de los equipos contrarios era buena y llegó a tener verdadera amistad con muchos de ellos, como Vicente Calderón, presidente del Atlético de Madrid; Félix Oraá, del Athletic de Bilbao; Manuel Vega-Arango, del Sporting; y Nicolás Casaus, vicepresidente del Barcelona. En los últimos años de la presidencia de Santiago Bernabéu fue, sin duda, uno de los directivos más activos y un gran soporte para el presidente. En 1978, tras la muerte de Santiago Bernabéu, y para sorpresa de todos —incluido él mismo— fue elegido presidente del Real Madrid. Raimundo Saporta, que era el vicepresidente, no quiso asumir la presidencia y optó por presidir el Comité Organizador del Mundial de España 1982. Todas las miradas se volvieron hacia mi abuelo. Saporta logró convencerle para que liderara una candidatura de consenso que hiciera innecesarias unas elecciones. No era un hombre ambicioso y aceptó por prestar un servicio a su amado Real Madrid. Y asumió un desafío colosal: suceder a un mito como Santiago Bernabéu. Luis de Carlos nunca quiso ser presidente. Solo conociendo su enorme amistad y la admiración que sentía por Santiago Bernabéu puede entenderse que aceptara sucederle para dar continuidad a su obra.

Y lo hizo con su estilo propio y con los modales de caballero que siempre le caracterizaron y aún hoy en día se recuerdan. Siguió su vida con normalidad, con su familia, en Viveiro y sus amigos. Siempre atento con todo el mundo, era imposible ir con él por la calle, pues no paraba de saludar a unos y a otros. Una vez, siendo ya presidente, subió a un autobús en La Castellana y, al reconocerle el conductor, Luis de Carlos le regaló una invitación para el siguiente partido. El conductor, emocionado, le contestó: «Menos mal que en la entrada pone la palabra invitación, porque si no mi mujer no me cree», y se echaron a reír. Me ha sucedido varias veces al pedir un taxi que me pregunten si soy familia de Luis de Carlos y, cuando les digo que era mi abuelo, me dicen unánimemente que era un caballero. Yo me siento orgulloso de ello, porque los éxitos y los fracasos deportivos pasan, pero todo el mundo le recuerda como un «Señor», con mayúsculas.

Muchos domingos, cuando el Madrid jugaba en el Bernabéu, íbamos al estadio y después el abuelo venía a casa a merendar. Allí comentábamos el partido y la actualidad del equipo. Siempre escuchaba atentamente nuestras opiniones. También iba muchos días a comer con él en su casa de la calle Serrano. Cuando Pilar y yo nos casamos en Córdoba en 1983, tuvimos que fijar la fecha de la boda en función del calendario de Liga para que el abuelo pudiera asistir. Allí coincidió con «El Cordobés» y los dos lo pasaron fenomenal.

Vivimos momentos de gran alegría, como fueron las ligas ganadas en 1979 y 1980. Especialmente emotiva fue la final de la Copa del Rey de 1980 que se jugó en el Bernabéu entre el Real Madrid y el Castilla, algo insólito e irrepetible. Pero también se sufre, y mucho, en las derrotas, como la final de la Copa de Europa de 1981 en París, aunque hay que reconocer el mérito de jugarla por primera vez desde 1966. En 1982 también ganamos la final de la Copa del Rey en Valladolid, en un día muy frío que hizo acreedor al estadio José Zorrilla del sobrenombre del «estadio de la pulmonía». El equipo de baloncesto logró grandes éxitos, incluida la Copa de Europa y el mundial de clubs. Pero tanto en los momentos buenos como en los malos, Luis de Carlos siempre mantuvo la compostura y se comportó con la elegancia que le caracterizaba.

Durante la presidencia de mi abuelo también se acometió la reforma del Bernabéu para acoger la final del mundial de España. En octubre, tras el mundial, tocaba celebrar elecciones a la presidencia. Luis de Carlos, no sin algunas dudas por la edad, pero animado por sus compañeros de la Junta Directiva y otras personalidades, y para culminar su labor, se presentó a la reelección. Toda la familia hicimos campaña para la captación de firmas y votos y ayudamos lo que pudimos. Fueron las primeras elecciones democráticas de la historia del Real Madrid y Luis de Carlos recibió el apoyo mayoritario de los socios y el respaldo a su gestión, y derrotó holgadamente a Ramón Mendoza.

Además, recuperó a Di Stéfano para el Real Madrid. Di Stéfano era una leyenda, pero había acabado mal con Bernabéu. Había sido entrenador del Valencia, al que hizo campeón de Liga. El abuelo mandó a Javier Gil de Biedma, uno de sus directivos e íntimo de Di Stéfano, a Buenos Aires y le convenció para que firmara por dos años como entrenador. Su regreso ilusionaba al madridismo, pero no tuvo suerte. En su primera temporada como entrenador pudo ganar cinco títulos, y los perdió todos. En la Liga era campeón ganando o empatando en la última jornada precisamente en Valencia, pero perdió. También perdió la final de la Recopa en Gotemburgo contra el Aberdeen escocés de sir Alex Ferguson, que pronto pasaría al Manchester United, y la final de la Copa del Rey contra el Barcelona en Zaragoza. Aquí ocurrió una anécdota que presenciaron mi padre y uno de mis hermanos. Unas horas antes del partido, en la Basílica del Pilar, vieron una aglomeración de gente, se acercaron y se encontraron a mi abuelo rodeado de aficionados del Barcelona, al que había acompañado a la final de la Recopa en Basilea, que le pedían autógrafos.

En su segunda temporada tampoco tuvo éxito. Por el contrario, el Castilla de la Quinta del Buitre, que entrenaba Amancio, se salía y fue campeón de segunda división, proeza que no ha vuelto a hacer ningún equipo filial. Al terminar el contrato de Di Stéfano, Amancio fue nombrado entrenador del primer equipo. La Quinta del Buitre, algunos de cuyos miembros ya habían debutado con Di Stéfano, subió en bloque. Pero los jugadores todavía eran muy jóvenes y la primera temporada en la élite les costó.

En abril de 1985, Luis de Carlos tuvo que tomar la decisión más difícil de su vida. Era un hombre bonachón, pero no le faltaba carácter y cuando se enfadaba era temible. Tres derrotas seguidas en Liga, un 0-4 ante el Atlético de Madrid en casa y la caída en las semifinales de la UEFA ante el Inter de Milán por 2-0 habían colocado a Amancio en una situación insostenible. El 16 de abril, la Junta Directiva le cesó como entrenador y le sustituyó por el experimentado Luis Molowny. Pero Luis de Carlos no se limitó a cesar al entrenador. Era consciente de que le quedaba solo un año de mandato y que el equipo necesitaba refuerzos. Lo razonable era que esa tarea la acometiera su sucesor. Por ello, tuvo la gallardía de anunciar su retirada a fin de temporada y la convocatoria de elecciones a la presidencia. Un gesto que le honra y que no es habitual en el mundo del fútbol ni en la política, donde todos se aferran a los sillones.

Fue una decisión dura y valiente, pero acertada, que compartió con la familia. El equipo reaccionó, remontó la eliminatoria frente al Inter y acabó ganando la Copa de la UEFA, la primera que ganaba el Real Madrid y el primer título europeo que conseguía desde 1966. Al acabar el partido contra el Videoton, los jugadores forzaron a Luis de Carlos a bajar al campo y a que diera la vuelta al estadio con ellos. Dejó la presidencia por la puerta grande.

Al día siguiente de dejar la presidencia nació mi hija Araceli, su primera bisnieta, lo que le hizo especial ilusión. A partir de entonces, se dedicó en exclusiva a la familia y a Viveiro, aunque siguió al Real Madrid y el fútbol, en general, con la pasión de siempre. Pero su salud se fue quebrantando poco a poco. De alguna manera, creo que consideraba que su misión en la vida estaba cumplida. Una inoportuna caída que le provocó una fractura de cadera fue la puntilla, y el 27 de mayo de 1994 falleció para gran pesar de su familia y del mundo del fútbol en general (una de las primeras coronas que llegaron fue la del Barcelona), donde dejó grandes admiradores por su comportamiento siempre caballeroso y servicial, como corresponde a una institución como el Real Madrid.

El talante de un caballero

Por Enrique Cerezo[*]

Hablar de Luis de Carlos es ensalzar la personalidad y el talante de un caballero al que tuve la gran oportunidad de conocer en su etapa como presidente del Real Madrid. Nada tenemos que añadir a la brillante gestión que realizó a lo largo de su etapa como máximo responsable de la entidad blanca, algo de lo que se encargan en este libro personas relevantes y con extraordinario conocimiento de la época, que ponen en valor el trabajo y esfuerzo de Luis de Carlos en la transición que tuvo que acometer el club tras la época dorada de don Santiago Bernabéu.

Luis de Carlos siempre demostró un enorme respeto por nuestra entidad, el Atlético de Madrid. Su carácter amable y cercano ayudaba a salvar los problemas o discrepancias que podían surgir, siempre defendiendo los intereses de su club por encima de todo.

De Carlos huía de los enfrentamientos directos, de las conversaciones subidas de tono y de todo lo alejado de la educación. Equivocadamente, los críticos de la época le tacharon de blando, pero nada más lejos de la realidad. La firmeza en sus decisiones, declaraciones y acciones mantuvo la línea de coherencia y educación inherente a su extraordinaria personalidad, un modelo a seguir por los dirigentes de aquella época y los que ahora asumimos la enorme responsabilidad y honor de presidir un club.

---

[*]   Presidente del Atlético de Madrid.

Siempre recordaré las palabras de respeto y cercanía que mantuvimos cada vez que acudía con amigos al estadio Vicente Calderón, donde disfrutaba de su pasión por el fútbol como un aficionado más y allí percibía el respeto que seguidores de otros equipos le tenían, más allá de los colores que cada uno defendía o sentía en el corazón.

Luis de Carlos fue un gran presidente y un referente que moldeó el Real Madrid tras una época gloriosa y lo preparó para el futuro, acometiendo reformas estructurales y económicas que defendía y nos explicaba con ilusión sabiendo la enorme responsabilidad que tenía. De Carlos merece ser reconocido por todos como uno de los grandes dirigentes que ha tenido el fútbol español en su historia.

El señorío de Luis de Carlos

Por Jesús Bengoechea[*]

Acudir al diccionario de la RAE no hace nunca mal y, si el objetivo es afinar semánticamente el que se supone principal atributo (o el más publicitado) de una figura histórica, se antoja casi necesario. Luis de Carlos ha pasado a la memoria del madridismo por muchas cosas positivas, pero no cabe duda de que es el célebre, legendario señorío el que se impone como cualidad principal. Si preguntáramos aleatoriamente a seguidores blancos de cierta edad, tal sería la primera característica apuntada.

La tercera acepción de «señorío» (ignoraremos las dos primeras, demasiado genéricas) que ofrece la biblia del castellano es «dignidad de señor», lo cual tampoco nos ayuda en demasía, obligándonos a indagar en el concepto de «señor». La más sugestiva es la cuarta: «Gravedad y mesura en el porte o las acciones». Los informes recabados solo identifican a don Luis con aproximadamente la mitad del concepto, dado que la «gravedad» no parece que fuese rasgo consustancial a su persona. Todos los que lo conocieron coinciden en ponderar, por el contrario, su sentido del humor, e incluso no falta quien asegura que una de las cosas que menos en serio se tomaba era, precisamente, los recurrentes elogios a cuenta de su señorío.

La mesura, en cambio, sí, y como sucede con los verdaderos portadores de virtudes, parece este un rasgo que se empeñaba en extender a su prójimo, por medio del ejemplo, la palabra y la acción.

---

[*]   Periodista.

Cuando su amigo Josep Lluís Núñez, presidente del eterno rival FC Barcelona, perdía la templanza en aquellas míticas reuniones de la Liga de fútbol, quién sino don Luis para calmarlo, tirando incluso de su chaqueta hacia abajo para evitar que Núñez terminara de encrespar los ánimos.

Estamos corriendo mucho, se quejará algún lector desavisado. ¿Amigo de Núñez? ¿No sería eso lo primero que habría que explicar? Pues sí, amigo de Núñez e incluso de Tarradellas, con quien compartió conversaciones que, en homenaje a la propia discreción de nuestro protagonista, mantendremos bajo el sello de la información clasificada.

Discreto, pues, y amigo de sus teóricos enemigos. Proponemos a la RAE que incorpore estas cualidades como nueva acepción del término. El señorío de Luis de Carlos, el que le hizo célebre, el que le movió a establecer las relaciones más cordiales y edificantes con tótems del barcelonismo/catalanismo como Núñez o Tarradellas, era tal vez una variante costumbrista de la bondad. Eso y no otra cosa es el verdadero señorío. Ni tengo idea ni procede preguntarse si esa actitud de jovial y perenne deportividad rindió réditos a la entidad que presidió. Los que llevamos tiempo en la guerra cultural del madridismo tendemos a preguntarnos por los límites aconsejables del señorío, si es que cabe decir tal cosa. Seguramente no quepa porque el señorío, por definición, no busca réditos, y casi podría decirse que los rehúye. «Debemos hacer el bien no solamente a pesar de que no nos va a ser recompensado, sino precisamente porque no nos va a ser recompensado». Del madridismo de Unamuno hablaremos otro día.

Sí tengo para mí que, además de un caballero y tal vez más allá de eso, don Luis fue un hombre de la Transición, hoy tan injustamente denostada. Ni hacía ni hace falta dedicarse a la política para serlo. ¿Qué otra cosa sino un hombre de la Transición puede ser quien, al principio abrumado ante la enormidad de la tarea, lidera el tránsito desde don Santiago a lo que Dios quisiera que hubiese después? Era pues un hombre de la Transición en sentido madridistamente estricto, porque lideró un periodo intermedio tan dificultoso, o más, como el que en ese momento experimentaba España en su transformación democrática. Es un idéntico talante el que preside ambos procesos, el nacional y el merengue, una transición dentro de otra.

Como español, me considero un fruto de ese periodo histórico, un hijo de esa etapa. Esa España que buscaba entenderse, que buscaba consensos más allá de sectarismos, más allá incluso de la justicia, me moldeó como persona. Como madridista, me considero también un hijo de la transición encabezada por don Luis, el hombre que lidió con nostalgias inalcanzables de los 50 y 60, el estadista del fútbol, el centrismo entendido como ejemplaridad. Cuando don Luis aceptó a regañadientes la tarea hercúlea de suceder a su amigo don Santiago, puede que no imaginara hasta qué punto su naturalidad, su bonhomía, habrían de marcar el rumbo en una época extraordinariamente difícil para el Madrid, lastrado por una complicada situación financiera que él ayudó a superar con un modélico manejo económico de la entidad.

Hay muchos, pero sobre todo dos ejemplos de señorío que relucen especialmente en la biografía de nuestro hombre. El primero de ellos remite a su final como máximo mandatario blanco. De hecho, no sería exagerado afirmar que a don Luis su señorío, entendido aquí como la auténtica «dignidad de señor» que apuntábamos al principio, le costó la poltrona.

Amancio, jugador mítico de la entidad y descubridor en el Castilla de la Quinta del Buitre, no estaba sin embargo triunfando como entrenador del primer equipo. Tanto la presión mediática como la ejercida por los socios parecía obligar al presidente a poner a Amancio en la calle. La decisión de don Luis se ubica en lo más alto de una escala ética impensable en los tiempos que vivimos. «Si voy a echar al entrenador que he nombrado yo, por coherencia tendré que poner mi puesto a disposición de los socios». Convocó elecciones a las que estatutariamente no estaba obligado y a las que no se presentó. Las ganó Ramón Mendoza. Volvemos a Unamuno: la integridad no espera recompensas, y no debe incluso descartar castigos.

El segundo ejemplo de la importancia del señorío de Luis de Carlos, con la que cerraremos esta aportación, lo encontramos muchísimos años antes. Pasamos pues de su última decisión trascendente como mandatario a los tiempos en que no podía ni imaginar que algún día llevaría las riendas del club.

En el Madrid turbulento de los inicios de la Guerra Civil, don Luis, por entonces un exitoso emprendedor del sector automotriz, fue llamado a declarar por un tribunal popular de las milicias como sospechoso de ser «enemigo del pueblo». Un antiguo portero de la sede del concesionario de Peugeot que don Luis regentaba, miembro del PCE, le salvó de una muerte muy probable, logrando los avales suficientes para permitirle escapar.

Terminada la guerra, don Luis supo que su benefactor estaba esperando a su vez para ser ajusticiado por el bando vencedor. En el Gobierno Militar tuvo acceso a la información que señalaba a su salvador como responsable de la muerte de muchos religiosos. Lo intentó, pero el deseo de reciprocidad de don Luis no obró el milagro y el hombre fue fusilado, lo que no impidió que De Carlos costeara los estudios de sus dos hijos hasta la universidad.

Cuentan que el encuentro entre los dos hombres, días antes del fusilamiento, debió ser digno de ser visto. Don Luis le preguntó cómo era posible que alguien capaz de ejecutar a tanta gente presuntamente inocente había tenido en cambio, años atrás, el noble afán de salvar la vida a un empresario.

—¿Que por qué le salvé, don Luis? Me extraña que me lo pregunte. Usted era el único jefe que daba los buenos días al entrar por la puerta de Peugeot. El único que nos preguntaba a los subordinados qué tal estábamos. El único que se interesaba genuinamente por nosotros. ¿Cómo no iba a salvarle?

En atención a esta historia verídica, ahora sí que no cabe preguntarse si el señorío de don Luis fue bueno o malo para el Real Madrid. Le salvó la vida y, por la propiedad transitiva, se la salvó al Madrid mucho antes de que su presidencia se intuyera en el horizonte. Sin Luis de Carlos, el hombre que mantuvo el barco a flote mientras todo el contorno se zarandeaba, no habría Real Madrid, o no como hoy lo conocemos.

Fiel colaborador de Santiago Bernabéu

Por José Manuel Otero Lastres[*]

CONSIDERACIONES PRELIMINARES

A lo largo de esta obra podrán formarse una idea muy precisa de quién fue Luis de Carlos, uno de los presidentes de referencia del Real Madrid, Club de Fútbol. Las distintas facetas de su extensa y brillante trayectoria en el club son analizadas separadamente por escritores sobresalientes que han tenido, como yo, el honor de recibir el encargo de glosarlas. A mí me corresponde en concreto exponer una de las facetas más relevantes de su relación con el club, como fue la de directivo colaborador de Santiago Bernabéu. Y lo primero que debo reseñar es que Luis de Carlos cumplió con tanto acierto dicha faceta que fue elegido por el resto de sus compañeros de Junta Directiva para suceder a Santiago Bernabéu como presidente del club.

Cada vez estoy más convencido de que cada uno de nosotros es no solo como uno mismo se cree, sino también, y en gran medida, como lo ven los demás. Pues bien, no exagero un ápice si digo que la primera palabra que a uno le viene a la mente cuando le mencionan a Luis de Carlos es «caballero», o su sinónimo, «señor»; esto es: «Hombre que se comporta con distinción, nobleza y generosidad» o «persona respetable de cierta categoría social» que

---

[*] Catedrático de Derecho mercantil. Consejero del Tribunal de Cuentas. Vocal de la junta directiva del Real Madrid, C.F. Académico de número de la Real Academia de Jurisprudencia y Legislación.

«muestra dignidad en su comportamiento». Hay pocos calificativos más elogiosos para referirse a alguien que colaboró activamente con Santiago Bernabéu en la dirección y gestión del mejor club del mundo.

Aunque seguramente figurarán en otros apartados de esta completa biografía, permítanme recordarles que Luis de Carlos Ortiz ingresó como socio del Real Madrid en septiembre de 1942, a los treinta y siete años de edad. Y su andadura como colaborador de la Junta Directiva se inició el 8 marzo de 1953 al ser elegido como vocal de la Comisión de Disciplina Social, que tenía carácter permanente y ejecutivo.

En septiembre de 1956 entró a formar parte de la Junta Directiva y, desde su puesto inicial de vocal, colaboró activamente en la gestión económica y deportiva del club, asumiendo cada vez más importantes encargos, los primeros de los cuales tuvieron que ver con las obras de la Ciudad Deportiva, formando parte de la Comisión Delegada de la Ciudad Deportiva. En las líneas que siguen se exponen los más relevantes.

PRINCIPALES HITOS DE SU COLABORACIÓN COMO MIEMBRO DE LA JUNTA DIRECTIVA

En octubre de 1962 fue elegido tesorero del club, cargo que ocupaba cuando falleció Santiago Bernabéu, lo cual tuvo lugar, como es sabido, en la madrugada del 2 de junio de 1978. Luis de Carlos, en septiembre de ese mismo año, fue elegido presidente del club, cargo que ocupó brillantemente hasta que el 24 de mayo de 1985 finalizó su mandato, tras haber convocado las elecciones anticipadamente el 11 de febrero de 1985, a las que no llegó a presentarse.

De su amplia y fructífera actuación como directivo del Real Madrid y estrecho colaborador de Santiago Bernabéu se pueden reseñar los siguientes hitos.

Como ya se ha dicho, el 8 de marzo de 1953 se celebraron dos juntas generales, una ordinaria, en la que se procedió a la aprobación de la memoria y las cuentas y balances de la campaña anterior, y otra extraordinaria, en la que se aprobó la propuesta de la Junta Directiva de finalizar las obras de ampliación del estadio de Chamartín. Pero lo más importante, en lo que ahora nos interesa, fue, según se ha dicho, el nombramiento de Luis de Carlos como miembro de la Comisión de Disciplina Social.

Primera ampliación del estadio

Tras siete meses, el 19 de junio de 1954 se dieron por terminadas las obras de ampliación del estadio de Chamartín, que pasó a tener un aforo de 125.000 espectadores. Fueron unas obras de gran alcance, ya que la ampliación consistió en el aumento de la altura del estadio con un nuevo anfiteatro en los laterales.

Con la remodelación del estadio el Real Madrid pasaba a tener uno de los mejores campos de fútbol de Europa y se situaba a la vanguardia del continente. A pesar de haber sido considerado en sus inicios como un proyecto demasiado ambicioso, el tiempo acabó dando la razón al presidente: el aumento del aforo se tradujo en un importante aumento de los ingresos por taquilla, lo cual mejoró sensiblemente la economía del club. Además, en cada partido podían asistir hasta 120.000 personas, lo cual suponía un gran número de aficionados que animaban a su equipo. El indudable éxito que tuvo la idea del presidente Bernabéu de ampliar el aforo del estadio se tradujo en que se acabara bautizando con el nombre de estadio Santiago Bernabéu, vigente hasta nuestros tiempos.

Emisión de obligaciones para financiar la Ciudad Deportiva

En la Junta General de compromisarios, celebrada el día 8 de septiembre de 1957, que tuvo lugar en el salón de la Cámara de Comercio de Madrid, presidida por Santiago Bernabéu y a la que asistieron los directivos señores Peralba, Velázquez, Lusarreta, Saporta, Méndez de Vigo, Oñoro, Méndez Cuesta, Paunero y De Carlos, se debatieron los puntos incluidos en el orden del día, entre los cuales figuraba la memoria de la temporada 1956-57. En este punto, Antonio Calderón agradeció a los socios y al madridismo en general su inestimable colaboración en la financiación de la primera fase de la construcción de la Ciudad Deportiva (aprobada un año antes) a través de la suscripción de obligaciones acordada con el Banco Mercantil e Industrial y rubricada el 2 de marzo de 1957. Este hecho, que supuso el endeudamiento del club en veinticinco millones de pesetas, fue considerado un éxito rotundo, afirmando el presidente Bernabéu: «El Real Madrid acaba de iniciar la primera etapa de su plan más generoso y arriesgado».

Aparte de este hecho, y de mencionarse posteriormente en la lectura de la mencionada memoria los éxitos deportivos de las diferentes secciones la temporada anterior, el presidente Bernabéu comunicó los ceses de Abárzuza (vicepresidente), Fernández y Martínez, solicitando la reelección de Oñoro y la colaboración de Francisco Muñoz Lusarreta y Luis de Carlos, designados por el presidente para la Junta Directiva, hecho aprobado y aclamado por unanimidad por los compromisarios. El 19 de febrero de 1958 finalmente se constituiría definitivamente la nueva Junta Directiva con Antonio Santos Peralba Álvarez, Francisco Muñoz Lusarreta como vicepresidentes primero y segundo, respectivamente, Raimundo Saporta (tesorero), Ignacio Méndez Vigo (secretario), y Pedro Méndez Cuesta, Alfredo Oñoro Rodríguez, Gregorio Paunero Martín, Alejandro Bermúdez (quien acabaría siendo contable del club) y Luis de Carlos como vocales, aparte de Antonio Calderón como gerente.

Otro hecho importante fue la gira americana que tuvo lugar en agosto de 1958. Concretamente, los países en los que el Real Madrid jugó ese verano fueron Argentina y Uruguay, hablándose de una «cariñosa acogida y generoso trato» o, en palabras del presidente, de una «explosión de amor a España», lo que nos daba una imagen muy aproximada de la repercusión de esta gira. River Plate y Nacional de Montevideo fueron los rivales y sus estadios acogieron 100.000 y 75.000 espectadores, respectivamente. Desde este momento, las giras y los partidos amistosos veraniegos se convirtieron tanto en importantes fuentes de ingresos como en escaparates para expandir lo que hoy se conocería como «marca Real Madrid», teniendo ejemplos inmediatamente posteriores en las giras europeas de los años 1959 y 1960, recaudándose cientos de miles de dólares.

Proyecto de ampliación del estadio

Así las cosas, la Junta General aprobó el 21 de septiembre de 1958 la ampliación del estadio a 200.000 localidades. La Junta fue presidida por Santiago Bernabéu y junto a él tomaron asiento en la mesa presidencial los vicepresidentes Peralba, Velázquez y Muñoz Lusarreta, el tesorero Raimundo Saporta y los vocales Bermúdez, Oñoro, Méndez Cuesta, Paunero y Luis de Carlos, junto al gerente Antonio Calderón. Además de los puntos habituales de lectura de la memoria del curso anterior y la aprobación de los presupuestos, el más importante fue la aprobación de la ampliación del estadio, que Santiago Bernabéu presentó con estas palabras: «Yo creo que este es el mejor momento para decir a los compromisarios (…) que la directiva quiere someter a su consideración el proyecto de terminar nuestro estadio, elevando su capacidad a doscientos mil espectadores. Naturalmente este proyecto merece vuestra aprobación».

Campeones del mundo

El Real Madrid seguía brillando, no solo en el ámbito nacional y continental, sino también a nivel mundial. El 8 de septiembre de 1960 el equipo logró su primera Copa Intercontinental, venciendo en el partido de vuelta en un estadio Santiago Bernabéu a reventar (120.000 asistentes) 5-1 al Peñarol de Montevideo, tras empatar a 0 en el partido de ida en territorio uruguayo. El éxito, más allá de lo deportivo, fue la trascendencia que tuvo el enfrentamiento a nivel mundial, emitiéndose el partido por Televisión Española en trece países para un total de más de ciento cincuenta millones de espectadores. El mundo del fútbol y del deporte en general estaba rendido al Real Madrid y prueba de ello son las palabras del, por entonces, presidente de la UEFA, Ebbe Schwartz, quien se refirió al club como un «ejemplo de deportividad y caballerosidad mundialmente admirado en el deporte y más allá del deporte».

Exposición de trofeos

Aprovechando la racha triunfal del equipo desde mediados de los cincuenta, el Real Madrid inauguró el 14 de diciembre de 1962 una exposición itinerante de trofeos en el salón Goya del Círculo de Bellas Artes. El recinto madrileño, aparte de acoger la exhibición de más de mil trofeos, albergó la proyección de la película *Historia de cinco copas*, en la que «se revive la epopeya fabulosa de los últimos años, con las cinco Copas de Europa y la primera Copa del Mundo de Clubes». Dicha proyección, repetida en treinta y siete ocasiones y realizada por No-Do, fue vista por cerca de veinte mil espectadores durante el mes que duró la exposición, la cual fue visitada concretamente por 41.426 personas, con una media diaria de tres mil visitantes, lo que da una muestra del éxito de este evento y lo que generaba el Real Madrid a su alrededor en tan brillante periodo.

Tiempo de crisis

Esta dinámica positiva del Real Madrid, tanto a nivel deportivo como institucional, empezó a truncarse en los primeros años de la década de los sesenta. Se empezaron a vislumbrar problemas económicos y una muestra de ello fue la venta de una de sus estrellas, Luis del Sol, en mayo de 1962, rumbo a la Juventus de Turín por cerca de un millón de dólares, con el objetivo claro de iniciar una etapa de ajuste de la tesorería. Sin embargo, en la práctica, la política de fichajes no se vio muy afectada y ese verano llegaron jugadores de renombre como Ignacio Zoco, Lucien Müller o Yanko Daucik. Pero realmente el fichaje más importante, exitoso a nivel deportivo pero complicado en el plano económico, fue el de Amancio Amaro (doce millones de pesetas).

Esta compleja situación económica se hizo más evidente al año siguiente y muestra de ella es la carta de Raimundo Saporta, vicepresidente del Real Madrid, dirigida a Santiago Bernabéu el 9 de septiembre de 1963, en la que le dice: «Estamos al borde de la bancarrota». Uno de los datos clave a los que se refería Saporta era la deuda de más de quince millones que tenía la entidad (se debían cinco millones de pesetas a los jugadores, y cuatro a Muñoz Lusarreta, el directivo que pagó de su bolsillo parte del fichaje de Amancio). Saporta expresó también que otro de los motivos de esta crisis económica era la drástica reducción de abonados respecto al curso anterior, posiblemente provocada por la práctica de «un fútbol poco espectacular y vistoso». La solución para Saporta era, por un lado, reducir gastos a través de la desaparición de las diferentes secciones del club, la clausura de la Ciudad Deportiva o la supresión de ayudas a otras entidades como el Rayo o la prensa. Por otra parte, el vicepresidente tercero planteaba aumentar los ingresos a través de la venta de jugadores importantes para que cuadrasen las cuentas, como había ocurrido la temporada anterior con Luis del Sol, concretar partidos en el extranjero (aunque no ofrecían más de quince mil dólares) o habilitar los anfiteatros del estadio para anunciar productos comerciales (Luis de Carlos tenía ya una agencia que podía ofrecer entre tres y cuatro millones), todo ello hasta que viniera una nueva junta.

Alejando Bermúdez (contable) aconsejó en la Asamblea General de Socios del Real Madrid C. F. del 15 de septiembre de 1963 la suspensión de las secciones deficitarias. Bermúdez informó de que, a pesar de los éxitos deportivos del club, había que iniciar una política de contención de gastos, empezando por todos aquellos deportes que no eran fútbol, aunque también de esta sección habría que recortar. En dicha asamblea se aprueba por unanimidad el cese y la reelección del vicepresidente Antonio Sánchez Peralba y los vocales Gregorio Paunero y José de la Rubia. También, a la vista del citado informe económico de Bermúdez, se formó «una ponencia integrada por los señores Saporta, De Carlos y Paunero para cumplimentar el mandato de los compromisarios».

Inauguración de la Ciudad Deportiva

Aunque los tiempos eran económicamente complicados, hubo noticias muy alentadoras como la inauguración de la Ciudad Deportiva el 18 de mayo de 1963, que supuso la culminación de uno de los proyectos más ambiciosos de la historia del club. En 1956 se había aprobado por la Junta General de socios la puesta en marcha de la Ciudad Deportiva del Real Madrid. Al igual que sucediese en 1957 para financiar la primera fase de la construcción, se llegó a otro acuerdo con el Banco Mercantil, esta vez una emisión de treinta mil bonos de mil pesetas cada uno para obtener treinta millones, abriéndose el periodo de compra el 15 de marzo de 1960. Como era de esperar, el madridismo respondió acudiendo en masa ese día célebre a las ventanillas del Banco Mercantil e Industrial y esos treinta millones de pesetas fueron suscritos en menos de cuatro horas. De esta manera, el Real Madrid consiguió rubricar el proceso de la Ciudad Deportiva y ampliar provisionalmente de forma notable su patrimonio.

Nuevas oficinas

En octubre de 1965 las oficinas del club abandonaron de forma definitiva el local ubicado en el Frontón Fiesta Alegre y se trasladaron al propio estadio Santiago Bernabéu. Con este cambio se pretendía centralizar todas las funciones administrativas de la entidad «en una serie de dependencias, confortables y modernas, que permiten el general desenvolvimiento de las actividades del club».

Inauguración del Pabellón de Deportes

Con la culminación de la Ciudad Deportiva relativamente reciente, el Real Madrid se lanzó a por otro ambicioso proyecto, como era el Pabellón de Deportes, ubicado dentro de la propia Ciudad Deportiva, que se finalizó el 6 de enero de 1966. Se trataba del conocido hasta 1999 como «Pabellón de la Ciudad Deportiva del Real Madrid» y posteriormente como «Pabellón Raimundo Saporta», hasta su demolición en 2004. El día de Reyes acogió, por un lado, un torneo de baloncesto, considerado la primera edición del Torneo de Navidad, en el que participó el Real Madrid, Ignis Varese (Italia), Corinthians (Brasil) y Jamaco Saints de Chicago (Estados Unidos) y, por otra parte, un torneo inaugural de tenis en el que participaron dos de las estrellas del momento, Lundquist y Pientrangeli, alternando en la pista con José Luis Arilla y Manolo Santana, los «Davis» españoles.

Veinticinco años de presidencia

El 15 de septiembre de 1943 fue una fecha histórica para el madridismo. Ese día Santiago Bernabéu de Yeste pasó a ser presidente del Real Madrid C. F. y por ese motivo, esa misma fecha de 1968 sirvió para conmemorar la efeméride de las «bodas de plata». Santiago Bernabéu recibió un espectacular homenaje de reconocimiento por sus veinticinco años como presidente del club, a pesar de que exigió que todos sus actos tuviesen un carácter íntimo y familiar. El evento, celebrado en el Hotel Palace, congregó a más de setecientos asistentes, entre los que había diferentes personalidades del deporte, directivos, peñistas socios o amigos, todos ellos arropando y agasajando al presidente homenajeado. Tal fue la magnitud del homenaje que incluso se adhirieron decenas y decenas de equipos extranjeros, desde europeos como el Milan A. C., la Juventus o el Ajax, hasta intercontinentales como el River Plate o Millonarios. La conmemoración fue más allá y también tuvo otra serie de actos de homenaje, como en la Ciudad Deportiva en la inauguración de las dos piscinas olímpicas.

Nueva iluminación del estadio

El 15 de septiembre de 1969 se inauguró la nueva iluminación del estadio Santiago Bernabéu. En ella se emplearon «191 proyectores Philips tipo NV 71, cada uno con dos lámparas de vapor de mercurio con halogenuros de 2.000 vatios de una temperatura de calor de 4.6000 grados Kelvin, colocados sobre estructuras metálicas dispuestas en las dos bandas laterales (noventa y cinco proyectores en el lateral de la calle Padre Damián, y noventa y seis en la avenida del Generalísimo). Con esto se alcanza un nivel máximo de iluminación, en dirección a las cámaras de televisión, superior a los 2.000 lux, iluminación conveniente para las transmisiones de televisión en color». En cuanto a la estructura general, está constituida por una viga metálica de celosía de un metro y medio de anchura, uno de altura y treinta de longitud en cada uno de los laterales.

Nacimiento del Castilla

El 21 de julio de 1972 se confirmaba la desaparición del Plus Ultra, conocido como el club «asegurador» por pertenecer a una compañía de seguros. Este hecho llevó consecuentemente a la creación de lo que se denominaría como Castilla Club de Fútbol, convirtiéndose en el filial del Real Madrid al adquirir los derechos federativos del extinto equipo. Esto fue consecuencia de la estrecha colaboración histórica que hubo entre el Real Madrid y el Plus Ultra (ayudas del primero al segundo), lo que facilitó que finalmente quedase supeditado el desaparecido equipo al conjunto de Chamartín. Este hecho es clave para entender la historia del Real Madrid, no solo por los hitos logrados por el propio equipo (subcampeón de Copa de España y participación en Recopa de Europa), sino porque sirvió de trampolín a algunas de las leyendas del primer equipo, que pasaron primero por el Castilla, como Butragueño, Míchel, Raúl o Casillas, entre muchos otros.

Problemas económicos y giras europeas

En tanto que el Castilla iba dando sus frutos a nivel deportivo e incluso institucional, el Real Madrid buscaba solventar las nuevas dificultades económicas en las que estaba inmerso. Por ello, el mismo verano de 1972, el primer equipo realizó una pequeña gira y logró «un aceptable balance en sus respectivas giras a Yugoslavia y Grecia». El equipo primero perdió por 4 goles a 1 contra el Estrella Roja en Belgrado y posteriormente empató a 2, también contra los yugoslavos en Sarajevo, mientras que su visita a territorio heleno se saldó con victoria frente al Olympiakos en Atenas (1-3). Esta pretemporada se consideraba el preámbulo de una campaña que sería de reajustes y de más pesimismo que optimismo para la institución.

Bodas de plata del estadio

En 1943, año del nombramiento de Santiago Bernabéu como presidente del club, surgió la idea de que el Real Madrid tuviese un nuevo estadio a la altura de su grandeza, una idea considerada una locura teniendo en cuenta el contexto histórico de la época (España estaba cicatrizando las heridas de su contienda civil). Finalmente, tras haber abandonado O'Donnell en 1923 para jugar en Chamartín y demolerse ese campo posteriormente, sobre esos terrenos, el 14 de diciembre de 1947 se inauguraría el Nuevo Chamartín (actual estadio Santiago Bernabéu) con el partido contra el equipo portugués del Os Belenenses, partido que acabó 3-1 a favor del Real Madrid. Por ello fue precisamente el conjunto luso el que, cinco lustros después, volvería a participar en el partido conmemorativo de las «bodas de plata» del estadio. El partido fue una gran fiesta, porque, aparte de celebrarse el cuarto de siglo del campo madridista, sirvió de homenaje a Francisco Gento, en lo que significó la despedida de forma definitiva del fútbol «del que fuera mejor extremo izquierdo del mundo», y se vio jugar con la camiseta del equipo a una leyenda portuguesa como era Eusebio. Como dato curioso, en ese partido se inauguró el marcador electrónico (primero que se instalaba en el fútbol español).

Proyecto de construcción de un nuevo estadio

En 1973 la entidad sufrió un duro revés con la desestimación del proyecto de construcción de un nuevo estadio y otra serie de infraestructuras.

El proyecto constaba de cinco planes que se pueden sintetizar de la siguiente manera:

1. Un nuevo estadio (el antiguo se demolería y se construirían viviendas donde el antiguo), el cual albergaría espacio para 120.000 espectadores, 60.000 de ellos sentados, y todo él bajo techo. Fue diseñado por el famoso arquitecto Félix Candela, autor del Palacio de los Deportes de México.
2. Una gran zona verde, destinada a centro de descanso y distracción.
3. Un gran parque en el lugar que ocupa actualmente el estadio Santiago Bernabéu.
4. Apertura de pasos subterráneos para solucionar los problemas de tráfico y movilidad.
5. La construcción de la torre más alta de Europa.

Santiago Bernabéu encargó una gran maqueta del estadio, que llevó al palacio del Pardo para presentarla a la familia Franco. Crítica feroz de la oposición, encabezada por el entonces alcalde de Madrid Carlos Arias Navarro, ya que se hablaba de una posible transgresión de la ordenanza municipal.

REFLEXIONES SOBRE SU ACTIVIDAD COMO COLABORADOR EN LA GESTIÓN DEL CLUB

En esta resumida exposición de los hitos más significativos de la etapa en la que Luis de Carlos formó parte de la Junta Directiva del Real Madrid se produjo su fecunda colaboración con Santiago Bernabéu. No es exagerado afirmar que, a pesar de que hubo otros directivos que adquirieron renombre, como Raimundo Saporta o Antonio Calderón, Luis de Carlos fue convirtiéndose, cada vez más, en un muy estrecho colaborador, de los que ayudan desde la sombra, y de los que, por su valía y su lealtad, acaban formando parte del «núcleo duro» de los verdaderos consejeros del presidente.

No es fácil determinar cuándo una gestión futbolística es exitosa, porque tiene un doble componente, el deportivo y el económico, que no siempre marchan en el mismo sentido. Y es que hay veces que gestiones deportivas brillantes desembocan en situaciones de ruina económica y, al contrario, gestiones económicas exitosas conducen a fracasos en el ámbito deportivo. Lo cual se debe a que el propio fútbol está sometido deportivamente a un riesgo difícilmente controlable. Está expuesto a tantos riesgos y es una actividad deportivamente tan impredecible que todas las precauciones deportivas que se tomen son pocas para alcanzar una gestión doblemente exitosa, tanto en lo deportivo como en lo económico.

No cabe duda de que un equilibrio doblemente riguroso en ese doble ámbito vaticina una venturosa gestión que sea aprobada por la masa de socios, a los que interesa mucho más la buena marcha deportiva que la económica. Es cierto también que el factor suerte influye mucho en el éxito deportivo. Pero no lo es menos que una gestión económica, cuanto más ordenada sea, mayores posibilidades tendrá de alcanzar el éxito deportivo. Luis de Carlos fue un directivo que supo colaborar con Santiago Bernabéu teniendo presente la conveniencia de proponer medidas equilibradas, deportivas y económicas, para asentar los sólidos cimientos que convirtieron al Real Madrid en el mejor club del siglo xx para la FIFA.

RASGOS CARACTERIZADORES DE SU ACTIVIDAD DE COLABORACIÓN

Una persona como Luis de Carlos, caracterizada por su humanidad, su bonhomía, integridad, independencia, lealtad, capacidad de trabajo y entrega al club, pudo convertirse en tan excelente colaborador con su presidente que el resto de sus compañeros de junta lo acabaron eligiendo como sucesor del excepcional presidente que fue Santiago Bernabéu.

Por eso —y con esto finalizo— solo un directivo que con esas virtudes personales ajustó sus actuaciones a los principios de eficacia, equilibrio y, sobre todo, al consejo responsable por encima del habitual «forofismo», que está repleto de entusiasmo más que de la aconsejable razón, pudo ayudar a la privilegiada actividad de ser directivo de tan impresionante club de fútbol y colaborar tan eficaz y lealmente con su presidente.

Paseando con su esposa Concha por la playa de Covas. Archivo de la familia.

Su casa de Viveiro. Archivo de la familia.

En su casa de Viveiro. Archivo de la familia.

Navengando en la Quince Colinas. Archivo de la familia.

Partida de cartas en familia. Archivo de la familia.

La junta directiva de Santiago Bernabéu. © Real Madrid.

Testigo de las primeras Copas de Europa. © Real Madrid.

Con Bernabéu, Miljanic, Molowny, Camacho y Junquera. © Real Madrid.

En el vestuario con Bernabéu. © Real Madrid.

Siempre solidario. © Real Madrid.

Con Don Juan de Borbón. Archivo de la familia.

ABC

Empate de armonía

El encuentro de ayer en el estadio del Manzanares tuvo su presidencia de honor en el Príncipe de Asturias. Don Felipe estuvo con los equipos, charló con los jugadores en los vestuarios y después sonrió abiertamente entre los presidentes del Madrid, don Luis de Carlos, y del Atlético, don Vicente Calderón. Fue un partido animado y entretenido que acabó en un empate de armonía

En el Manzanares con el Príncipe Felipe y Vicente Calderón. © ABC.

Primer trofeo Santiago Bernabéu. Luis de Carlos posa frente al trofeo.
Autor: José García. © ABC.

Recibiendo al equipo infantil campeón de España. © Real Madrid.

Una nueva etapa

Por Julián García Candau[*]

Luis de Carlos fue el primer presidente elegido por los socios tras la Guerra Civil. Su antecesor, Santiago Bernabéu, fue designado por el entonces presidente de la Federación Española de Fútbol, Rafael Barroso Sánchez-Guerra, que había sido su amigo, incluso de francachelas, según confesó un día don Santiago. Esta designación se produjo en 1943 tras una eliminatoria de Copa en la que el Barcelona fue multado (veinticinco mil pesetas) por silbar al Madrid en Las Corts y el Madrid, y de nuevo el club barcelonés, por la pitada del viejo Chamartín. Dimitió el presidente barcelonista, don Enrique Piñeyro, marqués de la Mesa de Asta, y hubo necesidad política de que también lo hiciera el dirigente madridista, Antonio Santos Peralba. De ahí que hubiera que designar a dos dirigentes tanto en Barcelona como en Madrid. En este caso llegó el nombramiento de don Santiago. Este partido de Chamartín, que acabó 11-1, tuvo una grave advertencia policial en el vestuario barcelonés y al cronista de aquel encuentro, en el diario barcelonés *La Prensa*, de la cadena del Movimiento, que simplemente relató parte del ambiente, se le retiró el carné de prensa. Era Juan Antonio Samaranch. Su firma reapareció con motivo de los Juegos Olímpicos de Helsinki en 1956. Fue «periquito» toda su vida.

Don Santiago no tuvo que pasar por las urnas porque su reelección se producía sin problemas de ningún tipo en cada asamblea de compromisarios.

---

[*] Periodista.

El cambio de reglamentación para las presidencias volvió al Madrid después del periodo bélico, en el que estuvo presidido por el coronel Antonio Ortega Gutiérrez. El club, con anterioridad, tuvo presidente elegido con Rafael Sánchez-Guerra, periodista y oficial republicano durante la guerra, y el hombre que estuvo al lado de Julián Besteiro hasta el minuto final. Años después, Sánchez-Guerra regresó del exilio parisiense y don Santiago Bernabéu, conocedor de que su antecesor, al llegar a la viudedad, decidió convertirse en monje dominico en el monasterio de Villava, en ocasión de un desplazamiento a Pamplona, llevó a todo el equipo a visitar al ilustre fraile.

El fallecimiento de Bernabéu obligó a que los socios tuvieran la oportunidad de acudir a las urnas. Luis de Carlos, que había sido tesorero, parecía el sucesor más idóneo. Sin embargo, no fue fácil que llegara al cargo porque tuvo contrincantes a quienes enfrentarse. Los principales adversarios en campaña fuera del club fueron Javier Gil de Biedma y Ramón Mendoza. Antes de llegar a un acuerdo con este, que pidió ser vicepresidente, hubo que poner de acuerdo a un grupo de aspirantes que pretendían el puesto.

Hubo quienes creyeron que Raimundo Saporta, que había sido mano derecha del presidente, en muchos aspectos, podía ser el heredero. Saporta anunció desde el comienzo del periodo preelectoral que no deseaba la presidencia. Más aún, dijo que saldría del club, aunque siempre estaría a su disposición siempre que se le reclamara.

En la lista de aspirantes estaban, además del citado Gil de Biedma, los doctores Diéguez y Campos. Luis de Carlos fue lo suficientemente prudente para que la lucha electoral no causara fracturas entre las partes de la entidad y consiguió el consenso.

La prensa del 2 de junio de 1978 publicó la noticia de que, reunido el grupo de madridistas que habían aspirado a la presidencia, se firmó un documento mediante el cual se había acabado con las luchas fratricidas. El Madrid de Luis de Carlos, en este aspecto, huyó de las batallas que hubo en el Barcelona Club de Fútbol, en las que se enfrentaron candidaturas donde, junto a los colores de la sociedad, constaban los de varios partidos políticos. Entre 1977 y 1978, presidió Raimón Carrasco Azemar, hijo de Manuel Carrasco Formiguera, catalanista y católico, fusilado en Burgos por el franquismo. Dirigió las primeras elecciones democráticas del club catalán. Fueron el 6 de mayo. Y en Madrid, Luis de Carlos tomó posesión del cargo el 7 de septiembre. Su adversario «culé» desde este momento fue José Luis Núñez, con quien tuvo que mantener frecuentes disputas. En una de ellas, dado que la polémica se estaba desviando a términos más políticos que deportivos, el presidente Josep Tarradellas se presentó en la Junta Directiva barcelonista e impuso que renaciera la paz, con lo que Luis de Carlos y Núñez se tuvieron que dar la mano. Para Tarradellas, la cuestión estaba en que una entidad deportiva no podía hacer una política distinta a la que patrocinaba la Generalitat. Tarradellas llevaba en un bolsillo de su chaqueta el carné de socio barcelonista.

El documento que selló la paz madridista, es decir, la renuncia a participar en elecciones, contenía párrafos muy importantes. En uno se especificaba que los firmantes renunciaban a su deseo de aspirar a la presidencia. Los abajo firmantes fueron estos: Luis Miguel Beneyto, Ramón Mendoza, José María Diéguez, Gregorio Paunero, Juan Padilla, Félix Fernández, Javier Gil de Biedma, Emilio Riñón y Alejandro Vogel.

A partir de ese momento el presidente comenzó a trabajar para conformar una Junta Directiva de peso con la que llegar a poner en marcha lo que llamó la conservación de la imagen de la entidad, al tiempo que se precisaba acometer con urgencia el problema económico y el relevo de las personas que abandonaban el club.

Una noche asistí a una cena en el chalé de Ramón Mendoza, en la que me pregunté en algunos momentos las razones por las cuales estaba presente. Luis de Carlos, Raimundo Saporta y Ramón Mendoza, al parecer, necesitaban un testigo y fui yo. Saporta quería conservar en los puestos decisivos de la entidad a Agustín Domínguez. Se iba a quedar don Antonio Calderón como gerente, pero el puesto de Domínguez estaba en el aire. Saporta quería saber si De Carlos contaba con él. Raimundo contaba, por si el presidente no confirmaba a Domínguez, con el puesto de secretario general de la Federación Española de Fútbol, puesto al que accedería para sustituir a Andrés Ramírez, a punto de jubilarse. De Carlos contaba para el futuro inmediato para este cargo como gerente con el gallego Manuel Fernández Trigo, que desempeñó el puesto hasta 1999.

De Carlos compuso una directiva en la que conservó a Gregorio Paunero, que también había estado en la lista de precandidatos, y que había sido leal con Bernabéu. Y, además, hombre idóneo para los asuntos económicos desde su punto de vista hacendístico. Luis de Carlos también conservó como vicepresidente primero a Francisco Muñoz Lusarreta, el gran empresario de cines y teatros de Madrid. Bernabéu confió en él incluso para los momentos importantes de fichajes. Pasó con el contrato de Amancio Amaro. El Deportivo pidió doce millones de pesetas de entonces y Muñoz Lusarreta preguntó: «¿Y quién pagará este dinero?». La respuesta de Bernabéu fue concreta: «Tú». Y así fue como con los dineros prestados por Muñoz Lusarreta se pagó el traspaso de Amancio.

Luis de Carlos compuso una directiva en la que combinó las novedades con la tradición y de ahí que, junto a nombres como el de Miguel Mestanza, secretario de la junta, entrara en el grupo Nemesio Fernández Cuesta como vocal. Este ocupó altos cargos gubernamentales. Decía con cierto buen humor que había sido muchas veces «sub». Lo fue como subdirector del Banco Exterior, subsecretario de Comercio y luego ministro de este departamento. Y la anécdota la contaba cuando era subgobernador del Banco de España. Nemesio Fernández Cuesta escribió crónicas deportivas en *Marca* con su tío Manuel como director. Formó parte de la candidatura de Ramón Mendoza, con la que de nuevo fue directivo del Real Madrid. Esta vez como vicepresidente para asuntos sociales. Otra vez «sub».

A Luis de Carlos le tocó heredar una economía poco boyante y los dirigentes tuvieron que empeñar sus mejores conocimientos para ir borrando los números rojos. Bernabéu tuvo, que yo recuerde, una sola protesta masiva en el palco. Fue por el 0-5 del Barcelona de Cruyff, aunque a partir del 0-3 el público tomó con calma el partido. Este resultado fue infamante y «La Demencia» del Estudiantes ironizó sobre el Madrid al día siguiente del encuentro y en el Magariños cantó: «Cinco lobitos, tiene la loba, cinco golitos metió el Barcelona, dos de Asensi, uno de Cruyff, uno Juan Carlos y otro Sotil».

A Luis de Carlos le tocó también una tarde de reproche de la masa madridista. Fue el día en que los jugadores aparecieron con los nuevos uniformes, en los que se veía la publicidad de Zanussi. El club no tuvo más remedio que aceptar un contrato como este. Era lo que se comenzaba a llevar en el mundo del deporte. Los socios madridistas consideraron una humillación que su uniforme se manchara publicitariamente. Los tiempos acabaron dando la razón a todos los presidentes que han tenido que aceptar la publicidad como recurso económico de primer orden. Bernabéu también tuvo un contrato publicitario importante con «Philips», pero ello no se reflejaba en las camisetas. Era el tiempo en que la radio, en su eslóganes, decía lo de: «Lámparas Philips, mejores no hay». En este caso la publicidad constaba en espacios del estadio.

Luis de Carlos tomó posesión con un discurso pronunciado ante los socios compromisarios el 3 de septiembre de 1978. Lo tituló «Una nueva etapa». En el mismo hizo un claro análisis de la situación y de lo que era el fútbol en aquellos momentos, y de ahí que hablara un lenguaje poco corriente. No eran palabras de cánticos gloriosos ni pretendían aplausos fáciles. Después de expresar su cariñoso recuerdo a Santiago Bernabéu, justificó el consenso con el que se había evitado que hubiera urnas. En lo financiero hizo mención al hecho de que «el sistema económico de los clubes de fútbol ha quedado desfasado y de ahí que leamos a diario que entidades consideradas como auténticos imperios están muy lejos de tener balances satisfactorios. La situación económica del Madrid arrastra un déficit que debe causarnos preocupación», añadió.

«Han pasado ya los tiempos en los que bastaba buena fe para dirigir un club; ahora hace falta algo más. Un club como el Real Madrid es una gran empresa que necesita planificación a corto y largo plazo, basada en las técnicas de dirección empresarial», dijo también.

En medio de frases en las que retrataba la realidad de la empresa, no dejó de afirmar que de la misma manera la entidad «nunca había regateado esfuerzos para tener a los mejores jugadores del mundo». Entendía que había que poner más imaginación para obtener rendimientos superiores e hizo hincapié en la necesidad de potenciar la cantera.

«El Madrid, que tantos caminos ha abierto, quiere ser auténtico ariete para el desarrollo sano y democrático del deporte español».

«Como verán, es esta una somera declaración de principios y he querido dejar para el final quizá lo más importante. El Real Madrid, que empieza ahora mismo, ha de ser una sociedad transparente para sus socios y los medios de información. Para sus socios porque de estos depende siempre, en definitiva, el club. Esta Junta Directiva está abierta desde este instante a toda clase de diálogos, está abierta a toda clase de sugerencias, está abierta a escuchar a cuantos tengan algo que decir para que el trabajo no se realice dentro de una campana aséptica. No es promesa vana».

La declaración de principios constó de catorce puntos. Y entre ellos conviene destacar: 3. Establecer una dirección colegiada y democrática de la sociedad. 9. «Potenciar la vida social y de relación del club tanto nacional como internacionalmente, especialmente con la Federación Española de Fútbol y los clubes que la componen». 12. «Colaborar resueltamente en el desarrollo sano y democrático del deporte español, del que constituimos una parte importante».

Luis de Carlos afirmó, en su toma de posesión, que lo suyo no eran promesas vanas. Y no lo fueron.

El guardián de Bernabéu

Por Pablo Sebastián[*]

Luis de Carlos podría haber escogido para su escudo de armas la frase de Julio César de «soy constante como la Estrella del Norte». Y bien que lo fue en su difícil y casi imposible tarea de asumir la presidencia del Real Madrid a la muerte de su amigo, líder histórico del fútbol mundial, Santiago Bernabéu.

Asumiendo De Carlos una responsabilidad y un legado que, a partir de 1978, se presentaba como una misión imposible por el talento, el carisma y la muy entrañable personalidad de Bernabéu. Y por el espectacular balance de sus éxitos deportivos y empresariales (seis Copas de Europa, dieciséis Campeonatos de Liga y la construcción del estadio que lleva su nombre, entre otros muchos triunfos) y a lo largo de los treinta y cinco años de presidencia en el Real Madrid.

Bernabéu era irreemplazable y su vicepresidente y responsable del área de baloncesto, Raimundo Saporta, que parecía el heredero predestinado, no quiso asumir esa tan pesada carga que le propuso el club y para la que él impulsó y promocionó a Luis de Carlos.

Sabían ambos, Bernabéu y De Carlos, la dificultad del relevo, hasta el punto que Bernabéu —que quizá prefería a De Carlos como sucesor— le aconsejó a Saporta que, a su muerte, no aceptara la presidencia del Real Madrid «porque se sufre mucho». Le dijo a Saporta el astuto Bernabéu, sin subrayar que en el Madrid se disfruta mucho más también.

---

[*]   Periodista. Editor de Republica.com.

Un De Carlos que, además de tesorero del club, en ese tiempo destacaba como un innovador empresario en la incipiente industria del automóvil en España. Y un Luis de Carlos que ostentaba el «título» de amigo personal de Santiago Bernabéu desde los años compartidos en la juventud.

Pero De Carlos, que inicialmente se resistió como ya se había resistido a aceptar la tesorería del club, aceptó la presidencia por amor al equipo y por su amistad con Bernabéu. Y asumió la responsabilidad y el «honor» de liderar el que ya estaba considerado el mejor club de fútbol del mundo.

Un club reconocido por sus éxitos y su «elegancia» deportiva. A lo que Luis de Carlos aportó su «talante» personal. Hasta el punto que, en 1979, el entonces presidente del Barcelona C. F. José Luis Núñez le pidió a Luis de Carlos —que aceptó— que le acompañara en Basilea en el palco de honor del estadio suizo para asistir al partido que el Barcelona disputó y ganó en la final de la «Recopa de Europa». Algo inimaginable en los últimos treinta años del fútbol español.

Adolfo Suárez fue el audaz y providencial presidente de la transición política española. Una palabra mágica, la de «Transición», que, aplicada al deporte y a la historia del Real Madrid, tiene en Luis de Carlos a un protagonista muy especial como heredero y «guardián» del legado de Santiago Bernabéu hacia un tiempo nuevo y más difícil del Real Madrid.

Porque a De Carlos le tocó renovar, con dificultad, el agotado y legendario equipo blanco de las seis Copas de Europa. Lo que hizo creando con el Castilla la «cantera» del Madrid, donde nació «la Quinta del Buitre». Ganando dos Ligas, dos Copas de España y la Copa de la UEFA, siendo reconocido como el mejor equipo de Europa en 1980. Y logró que los clubes españoles entraran en el negocio de las quinielas para mejorar y sanear sus finanzas, cuando aún no existían los patrocinadores ni los derechos televisivos.

Y así, con constancia, dedicación y «señorío», Luis de Carlos entró en la historia del Real Madrid como uno de sus grandes presidentes del club y como «guardián» del legado de su amigo y predecesor Santiago Bernabéu, tras concluir con eficacia y elegancia su particular transición.

La danza de las ballenas. Cuando el tiempo se detuvo para De Carlos y Bernabéu

Por Bieito Rubido[*]

Luis de Carlos descubrió Galicia en el verano del 44. Lo hizo en aquel lugar donde la esquina atlántica toma el nombre de Viveiro. Desde 1940, cada verano había llevado a su familia a un lugar distinto: San Sebastián, Zarauz, Comillas, Salinas. Eran veraneos magníficos. Viveiro no tenía por qué ser una excepción, pero lo fue, y para siempre. Allí decidió Luis, don Luis, echar sus raíces estivales, en aquellas vacaciones que duraban tres meses, y donde sus hijos y nietos terminaron haciéndose más gallegos que los propios lugareños.

Todos los turistas de Viveiro en aquellos años posteriores al fin de la Guerra Civil se alojaban en el Hotel Venecia. Nueve veranos después, la familia De Carlos estrenaba una magnífica casa frente a la playa de Covas —topónimo que se repite en otros lugares de la costa gallega—, obra del arquitecto Luis Blanco Soler, quien aseguró que aquella sería una casa sin humedades. Así fue. La mansión de la familia De Carlos, cerca del campo de fútbol Cantarrana, rivalizó en esplendor y magnitud con la residencia veraniega del ministro Arias-Salgado. Fueron unos veranos plácidos y felices, unos estíos que animaron al patriarca de la familia a construir su propia embarcación en los astilleros de Castropol. Un año comenzó a surcar las

---

*   Periodista. Director del diario digital *El Debate*.

aguas de la recoleta y hermosa ría de Viveiro un barco, que portaba vela, llamado «Quince Colinas». Respondía el nombre al hecho de que desde la casa se divisaban hasta quince colinas que rodeaban la localidad; la más nombrada, la de San Roque, aquella que en la canción popular animaba a los marineros a bogar con la motivación de que pronto estarían en puerto, al divisar a San Roque allí arriba, en la cima de una de las quince colinas. La familia De Carlos muy pronto se mimetizó con la cultura y el ambiente a través de las fiestas, el veraneo y la convivencia con los vecinos. Eran unos vivarienses más. Aunque a veces el patriarca se olvidaba de que en Galicia también llovía en agosto. Como aquel día en La Coruña, cuando el Real Madrid acudía como cada agosto a la cita del Teresa Herrera, y la descarga de las nubes lo sorprendió sin paraguas; y entonces le preguntó a Paco Vázquez, alcalde casi eterno de la ciudad, si estaba abierto El Corte Inglés, cuando resultaba que esos grandes almacenes todavía no se habían instalado allí. Paco Vázquez decidió que la ciudad no podía vivir por más tiempo sin El Corte Inglés.

Conocía muy bien Luis de Carlos, cuyos hijos y nietos siguen veraneando en Galicia, el paisaje y el paisanaje de La Mariña lucense. Conocer es querer y en el año 1959 fue nombrado presidente de honor del Viveiro C. F., aunque ese vínculo de simpatía y aprecio nunca necesitó de ninguna de las partes —De Carlos y Viveiro— de manifestaciones grandilocuentes. Él era inmensamente feliz en aquellos veranos norteños, donde nunca sabía si se podía ir a la playa o terminaría jugando una partida de dominó.

La historia que les quiero relatar, sin embargo, tiene más de realismo mágico, muy enraizado en la tradición oral de las historias que los gallegos nos contamos unos a otros, que con la descripción cronológica del idilio de la familia De Carlos con Galicia.

Como señalé con anterioridad, a finales de los años cincuenta, el velero «Quince Colinas» comenzó a formar parte del paisaje marino de Viveiro. Luis de Carlos, que se mareaba habitualmente en cualquier barco y lugar, decía que en Viveiro, justamente, nunca había sentido mareo. El viento azul de cada mañana de Galicia reñía con las velas del «Quince Colinas», que solía llevar a sus tripulantes al centro de la ría a pescar calamares o a pasear frente a la playa de Area. A bordo de aquel barco se disfrutaba de la fría libertad de un mar limpio que en muy pocas ocasiones se encrespaba. Los marineros en el puerto le relataron a Luis de Carlos historias de ballenas que, en determinados meses del año, se acercaban a la costa norte de Lugo, a La Mariña lucense. La hipérbole solía estar presente con frecuencia en los relatos marineros. La ballenera de Morás, muy cerca de las tierras vivarienses, era una buena prueba de que aquellas historias podrían ser ciertas. Incluso llegaron a decirle que no había nada más bello que madrugar, subir hasta la ermita de San Roque, y desde allí avistar la danza de las ballenas, con sus propias melodías.

Luis de Carlos, el hombre que no quería ser presidente del Real Madrid y lo fue, uno de los más fieles colaboradores de Santiago Bernabéu, convenció a este último, un verano, para que fuese hasta Viveiro y abandonase su Santa Pola alicantina y su humildísimo bote, con el fin de disfrutar del espectáculo de las ballenas. «Con los prismáticos podrás verlas casi a tu lado, incluso parece que podrías acariciarlas».

Dicho y hecho. Un día del mes de junio, con la Liga de fútbol terminada, en el inicio del descanso estival del deporte rey, Bernabéu y De Carlos se fueron hasta Viveiro. Se levantaron muy temprano, en una mañana limpia de las que no son frecuentes en aquellas latitudes del noroeste. Mientras caminaban hacia el lugar, Luis de Carlos le explicó a Bernabéu que los marineros tienden a la exageración, que son más abiertos que los labradores, pero que poseen una conciencia lúcida y una mirada serena que les hace ver entre las olas cosas ciertas y escuchar la melodía que la naturaleza hace explotar con sonidos muy diversos en medio del océano. Por eso, tal vez, a lo peor, advertía Luis de Carlos que «hoy no vemos ballenas».

Aquellos dos amigos, encaramados en lo alto de la colina, frente al mar abierto, allí donde al Atlántico lo llaman Cantábrico, allí, los dos amigos percibieron frente a los enormes cetáceos, que danzaban en su ballet particular, la fugacidad del tiempo. Allí, dos de los mejores hombres de la historia del fútbol pudieron abandonar sus íntimos temores y la angustia que la ciudad, en ocasiones, les producía, porque justamente, muy de mañana, un día limpio del norte, con un mar en calma, fueron conscientes de las proporciones reales de las cosas y de los fragmentos de felicidad que la vida nos va dando como limosna.

… Y bajaron felices al centro de Viveiro, contando y exagerando como los viejos marineros, que habían visto ballenas azules y que hasta Moby Dick había pasado a saludarlos. Y aquella imagen de dos serios y sesudos directivos que convirtieron al Real Madrid en el club más grande del mundo quedó grabada para siempre en la historia emocional de la familia, y así se entendieron las palabras del abuelo Luis, deudoras de su amor a Galicia, al mar, a sus habitantes y a aquella filosofía de los paisanos con los que se detenía a hablar, uno de los cuales le sentenció: «Don Luis, hoy es lo mismo que ayer y que será mañana». Solo desde la resignación galaica se puede comprender la sabiduría encerrada en esa frase y solo desde la bonhomía e inteligencia emocional de Luis de Carlos se puede mimetizar uno con esa tierra verde, abierta al mar, donde él dejó transcurrir todos los veranos de su vida, convirtiéndola para siempre en su segundo amor.

Un hombre entregado al Real Madrid

Por José Martínez Sánchez «Pirri»*

Empecé jugando en el Ceuta, mi lugar de nacimiento. En 1963 marché a Granada a estudiar Arquitectura. El entrenador del Granada era Pepe Millán, que me conocía del Ceuta y me pidió que me uniese al equipo local, que militaba en segunda división. Me pagaban cuatro mil pesetas al mes, que era lo que me costaba la residencia de estudiantes en la que vivía. En el Granada jugaba arriba. Era goleador con libertad para moverme por todos lados. Al finalizar la temporada me vinieron a buscar del Español, que entrenaba Kubala. El acuerdo parecía hecho pero al final no se concretó y fue entonces cuando me llamaron del Madrid. Compraron los derechos federativos al Ceuta y me incorporé al primer equipo en la temporada 1964-1965.

En el Madrid acababa de salir Di Stéfano, pero estaban Santamaría, Puskas, Gento, Amancio y otros grandes jugadores. En principio me iban a ceder al Córdoba. Pero jugué algunos amistosos y los técnicos decidieron que me quedara en el primer equipo. Debuté con el dorsal 10 contra el Barcelona el 8 de noviembre de 1964 ocupando el lugar de Puskas, que había sido expulsado en Sevilla la jornada anterior. Durante la concentración previa en el Arcipreste de Hita, Muñoz me dijo: «Chaval, mañana juegas». Ganamos 4-1, con tres goles de Amancio. Me mantuvo en la alineación contra el Dukla de

---

* Presidente de Honor del Real Madrid. Exjugador, médico y director general deportivo del Real Madrid y presidente de la Asociación de Veteranos.

Praga y el domingo siguiente contra el Atlético de Madrid, al que ganamos 0-1 en el antiguo Metropolitano.

Ese año ganamos la Liga. Entonces solo jugaba la Copa de Europa el equipo campeón de Liga. Para nosotros la Liga era una prioridad. Gané diez títulos de Liga en los dieciséis años que estuve en el Real Madrid. Y en la temporada siguiente, ganamos la Copa de Europa. Derrotamos al Inter de Helenio Herrera en semifinales. El Inter era el mejor equipo de Europa y en el que jugaban Luis Suárez, Facchetti y Mazzola, entre otros. En la final vencimos al Partizan en Bruselas por 2-1. Fue algo inolvidable que consagró al llamado Madrid «yeyé».

Dos años después tuve que hacer el servicio militar. Fui con la selección española a jugar el mundial militar a Bagdad. Estuvimos allí quince días y al regresar me encontraba mal con fiebre. El 11 de julio de 1968 se jugaba la final de Copa contra el Barcelona en el Bernabéu. La noche anterior tuve casi cuarenta de fiebre. Los médicos consiguieron bajarme la temperatura y jugué el partido, con la mala suerte de que a los diez minutos me rompí la clavícula. Entonces no había sustituciones. Me fui al vestuario, me vendaron e infiltraron y volví al campo a jugar el partido completo. Perdimos 1-0 de forma inmerecida.

Después del partido me ingresaron en el hospital. Tenía mucha fiebre y no me podían operar de la clavícula. Pasé unos días malísimos, perdí peso y me encontraba fatal. Finalmente me diagnosticaron fiebres tifoideas que había cogido en Bagdad. Cuando me bajó la fiebre pudieron operarme de la clavícula. En septiembre, Santiago Bernabéu me impuso la primera Laureada del Real Madrid. Yo solo tenía veintitrés años y fue un gran honor.

En 1971, en la final de la Recopa frente al Chelsea en El Pireo, se repitió la situación. Me rompí el radio en la prórroga del partido, que acabó con empate a uno. Entonces no había penaltis, sino que se jugaba un segundo partido de desempate a los dos días. Terminé el partido con el brazo roto y después me llevaron al hospital, donde me escayolaron. La mañana del partido de desempate vino Muñoz a mi habitación y me preguntó: «¿Usted quiere jugar?». Le dije que sí, pero que no sabía si podría. Me contestó: «Eso déjeselo a los médicos». Me quitaron la escayola, me pusieron una férula y jugué el partido completo. A pesar de ello, perdimos 2-1. Fue una pena.

En 1978, durante el Mundial de Argentina, falleció don Santiago Bernabéu. Recuerdo que Raimundo Saporta nos reunió a los jugadores y nos dijo que el nuevo presidente sería Luis de Carlos. Nos alegramos mucho. Todos los jugadores teníamos muy buena relación con Luis de Carlos. Era un caballero con un trato estupendo. Llevaba muchos años de directivo con Bernabéu y él y Lusarreta viajaban habitualmente con nosotros. Le conocíamos bien y nos inspiraba mucha confianza.

Como capitán del equipo tuve una relación muy cordial con el nuevo presidente. Ganamos las Ligas de 1979 y 1980. Y nos clasificamos para la final de Copa de 1980 contra el Castilla en el Bernabéu. El Castilla tenía un gran equipo en el que jugaban Agustín, Gallego, Pineda y otros buenos jugadores. Entrenábamos con ellos muchos jueves y sabíamos que eran muy buenos. Hablé con Benito, Camacho y otros compañeros y les dije que teníamos que salir muy concentrados desde el minuto uno, como si fuera la final de la Copa de Europa. Así fue y nos salió un gran partido que ganamos 6-1. Fue mi cuarto título de Copa y mi último partido en el Real Madrid.

Unos días después fui a ver a Luis de Carlos a su casa de la calle Serrano. Yo ya tenía treinta y cinco años y pensé que tras dieciséis temporadas y habiendo ganado en la última la Liga y la Copa y llegando a las semifinales de la Copa de Europa, era el momento de salir, máxime cuando el relevo estaba asegurado. Si no hubiera sido así no me hubiera ido. Don Luis me dio todas las facilidades. Me dijo que si quería seguir que siguiera y que si quería salir que lo hiciera.

Decidí marcharme al Puebla mexicano. Me garantizaron que podía continuar allí mis estudios de Medicina. En Granada había empezado Arquitectura. A mí me gustaba mucho el dibujo y se me daban muy bien las ciencias. Cuando llegué al Madrid decidí dejar los estudios un año para ver si me consolidaba en el equipo, como así fue. Al cabo de un tiempo, ya casado, a mediados de los setenta, volví a la universidad, pero opté por la medicina. Mis propias lesiones me habían hecho interesarme por ella y quise estudiar la carrera y ser médico. Durante varias temporadas compaginé el fútbol y la facultad y aprobaba cuatro o cinco asignaturas cada año. Cuando me fui a México ya estaba en cuarto de carrera.

En Puebla nos trataron muy bien. Tengo un buen recuerdo de nuestra estancia allí, aunque jugábamos los partidos a las doce del mediodía con muchísimo calor. Estuve dos años en los que avancé en mis estudios de Medicina en la universidad local.

El 15 de mayo de 1981, al año de mi despedida, el Real Madrid me tributó un gran homenaje. El partido lo jugaron el Real Madrid y la selección española con la que yo había disputado cuarenta y un partidos y los mundiales de Inglaterra y Argentina. El partido concluyó con empate a uno. Tras el encuentro se celebró una cena en la que Luis de Carlos me hizo entrega de una placa conmemorativa. Estoy muy agradecido a don Luis por el gran homenaje que me hizo.

Cuando volví de Puebla me faltaba un año para terminar la carrera de Medicina y me dediqué exclusivamente a los estudios. La última asignatura que aprobé fue Psiquiatría. Nada más acabar, recibí una llamada del gerente del Real Madrid, Manuel Fernández-Trigo, diciéndome que el presidente quería verme. Fui a ver a don Luis quien, con su habitual generosidad conmigo, me propuso que me incorporara al servicio médico del club. Un año después fui a verle nuevamente para decirle que quería irme a Estados Unidos para hacer unos cursos de Medicina deportiva. No me puso ningún problema. Cuando regresé y me reincorporé al club, él ya había dejado la presidencia a Ramón Mendoza.

He sido muy feliz en el Real Madrid. He sido jugador, médico y director general deportivo y actualmente soy el presidente de la Asociación de Veteranos. He tenido la suerte de desarrollar mi carrera en el mejor club del mundo. Y los valores del Madrid se han mantenido a lo largo del tiempo. Siempre luchando hasta el final y no dando nunca un partido por perdido.

He tenido grandes compañeros y muy buenos entrenadores. Cuando llegué al Madrid tuve que cambiar mi forma de jugar. Más en el medio campo, correr más, marcar más y trabajar más. Pero sin olvidar el gol. Disputé 561 partidos oficiales y marqué 172 goles. Muñoz fue quien me dio la oportunidad. Miljanić me hizo jugar de líbero ofensivo. Molowny era un hombre de la casa que nos conocía muy bien y nos dejaba mucha libertad. Boskov confió en mí hasta el final.

Y en mi época de jugador tuve dos grandes presidentes. Recuerdo que cuando estuve con fiebre en el hospital en 1968, Santiago Bernabéu venía a verme todas las mañanas y me concedió la Laureada madridista. Y con Luis de Carlos tuve una excelente relación personal y profesional. Siempre estuvo al lado de Bernabéu y de los jugadores. Fue un hombre entregado al Real Madrid en cuerpo y alma.

Tiempos de escasez y austeridad

Por Vicente del Bosque y José Antonio Camacho[*]

José Antonio Camacho y Vicente del Bosque rebosan madridismo a su paso. Compañeros en su tiempo y amigos siempre, aceptan de buen grado juntarse para hablar del Real Madrid de Luis de Carlos, que durante ese buen puñado de años fue también su Real Madrid. Buenos conversadores, refrescan sus respectivas memorias y el diálogo fluye con sencillez. Se apoyan mutuamente para recopilar recuerdos e improvisan un perfil del que fuera su presidente.

Del Bosque. Aquella fue una época de transición clara. Don Luis se queda al frente del club después de don Santiago, que muere un poco antes de comenzar el Mundial 78. En ese sentido, significó la continuidad y la tranquilidad en el club. Don Luis conocía perfectamente el funcionamiento interno y fue muy importante tener una figura como la suya. Bernabéu había sido el club por sí mismo durante treinta y cinco años y en estas situaciones la herencia no suele ser fácil de llevar. Económicamente, el recuerdo que tengo de entonces es el de una época difícil, complicada. De mucha austeridad y escasez. Éramos muchos jugadores españoles en la plantilla. Sin muchos aspavientos de fichajes. El más importante, sin duda, fue el de Laurie (Cunningham), que costó una locura para aquellos años y para el propio Real Madrid, ciento veinte millones de pesetas.

Camacho. Creo que también se fichó en aquella época a Juan Lozano, que fue otro refuerzo importante, aunque luego no saliera

---

[*]   Exjugadores y exentrenadores del Real Madrid.

tan bien como se esperaba. Al hablar de aquel periodo, además de los títulos que pudimos conseguir, tenemos que recordar con orgullo que jugamos la final de la Copa de Europa en París contra el Liverpool. Al acabar el partido, a pesar de que perdimos, don Luis nos dijo que teníamos media prima por el esfuerzo que habíamos hecho. La verdad es que nos lo merecíamos porque no solo fue la final, fue toda la temporada que hicimos. Fueron años difíciles, pero su gestión fue buena. Para no tener dinero ni jugadores de relumbrón siempre competíamos. Hubo mucho paso de jugadores y a pesar de todo ganamos títulos.

Del Bosque. No es que no fuera mala, es que fue buena. Se mantuvo el nivel de títulos que el club había tenido en los últimos años con Bernabéu. Creo que fueron dos Ligas, dos Copas, una Copa de la UEFA. Y llegamos a esa final de la Copa de Europa de la que hablábamos antes y a la que no se había llegado desde 1966, quince años. Perder aquella final no fue un fracaso. Aquello fue un éxito. Éramos un equipo prácticamente de la cantera. Eliminamos al Inter de Milán en semifinales, que era el mejor equipo de Europa. Allí nos marcó el tanto Bini, que era un central. Nos atacaron mucho. No podíamos salir del campo al final del partido. La policía con escudos protegiéndonos.

Camacho. En la final quien tuvo más ocasiones de gol durante el partido fui yo. Me mandó Boskov a marcar al hombre a Souness por todo el campo y, claro, había momentos en que era el jugador más avanzado del equipo. Recuperaba el balón y estaba siempre más cerca de su área que de la nuestra. Tuve dos claras oportunidades. En una levanté el balón por arriba y cayó cerca del larguero… Piqué el balón. Había agua en el césped. Estaba muy mal. Lleno de agujeros. No era fácil controlar el balón. También me acuerdo del partido de San Siro contra el Inter al que te referías antes. Aquí ganamos 2-0 y allí ellos marcaron pronto o el partido se me hizo muy largo. Me dieron balonazos por todos los lados. Perder la final como la perdimos fue una gran decepción. Si pierdes porque te pasan muy por encima, vale, pero no fue así. Nos ganaron muy al final… No sé, nos dio rabia.

Del Bosque. Estabas casi de interior derecho. Vi hace poco el partido y me fijé en eso.

Camacho. Por encima de todo lo que podamos seguir hablando, quiero recordar que don Luis de Carlos fue una persona muy importante en mi vida. Como mi padre. Y no lo digo por decir. Su primer año en la presidencia coincidió con mi lesión. No jugué en toda la temporada. No aguantaba más aquella situación, no poder jugar, no avanzar, no encontrar un futuro claro y tenía decidido marcharme del Real Madrid.

Del Bosque. ¿Pero por qué te querías marchar, te sentías como una carga para el club?

Camacho. Sí. Veía que no me recuperaba. Me tenía que volver a operar. No podía jugar en las condiciones que estaba. Entonces, subí un día a su despacho y le dije: «Presidente, me quiero ir. Siento que me están engañando. El médico me dice que estoy bien para jugar, pero no lo estoy». Yo era quien sabía mejor que nadie cómo estaba. Don Luis me dijo que me tranquilizara. Tuvimos otra reunión con el doctor y con él y le dije que no quería saber nada más, que lo dejaba y que no se preocupara, que ya me buscaría la vida como fuera.

Del Bosque. Y entonces fue cuando Luis de Carlos te renovó.

Camacho. Me quedaba un año de contrato. El presidente llamó a mi casa; entonces no había móviles, ni nada. Habló con Cris, mi mujer, y le contó que había estado en el club y todo lo que había pasado. Le dijo que me había visto un poco nervioso, que hablara conmigo para tranquilizarme y que al día siguiente volviera otra vez al club para hablar con él. Mi mujer sí que estaba nerviosa. Me conocía y, viéndome cómo estaba, también pensaba que era capaz de cualquier cosa. Volví al club y el presidente me dijo que a partir de ese momento el Real Madrid me daba tres años más de contrato, además del que me quedaba. Y además me dijo que me iba a ver el médico que yo quisiera y donde yo quisiera… Y si tenían que ser tres médicos, pues tres médicos. Tú vas a ser el dueño de tu vida en este sentido, añadió. Incluso me dijo que, si no podía volver a jugar al fútbol, me quedaría de por vida en el club. De lo que quisiese. Por eso he dicho antes que este hombre para mí fue como mi padre y, futbolísticamente, me vino a ver como si fuera el Espíritu Santo que protegiera mi carrera.

Del Bosque. Ellos, para estas situaciones personales, eran unos caballeros. Don Luis estaba muy ligado al gerente, don Antonio Calderón, que también era médico y todos estaban muy próximos también al doctor del club, a López Quiles. Para ellos era una situación complicada, sin embargo antepusieron el cariño a un jugador del club, además joven. Vieron que lo estabas pasando mal e hicieron lo que tenían que hacer en una situación tan delicada.

Camacho. Lo dijo y lo hizo. Para mí fue un hombre clave en mi vida deportiva. Vinieron a verme a Madrid el doctor Cabot y el doctor Palacios Carvajal, que eran dos eminencias en nuestro país en la especialidad de rodilla. Y ambos ratificaron que me tenían que volver a operar. Me fui a París para que me interviniera el doctor Judet, que fue quien yo elegí. Allí, en una clínica, estuve veintiún días y el club me pagó hasta dietas diarias. Fueron a visitarme y a la vuelta me pusieron un recuperador, Jorge, que hacía halterofilia, todo el día a mi disposición. Don Luis me trató como a un hijo. En total estuve veinte meses lesionado y me perdí el Mundial de Argentina. El último partido que jugué fue el Yugoslavia-España, el del famoso botellazo a Juanito, el 30 de noviembre de 1977 en Belgrado. Volvimos a Madrid, me reincorporé al equipo y el jueves siguiente, entrenándonos contra los juveniles en la Ciudad Deportiva, me lesioné. Fue con un chaval, un tal Ruiz. Pobrecillo, él no tuvo nada que ver en la lesión. Sacaron de banda, se la quité, seguí corriendo y escuché: «Crac». Cuando me quitaron la escayola, tiempo después, parecía que todo iba bien, pero a la hora de la verdad, con la segunda operación, no volví a jugar hasta la temporada siguiente, ya con Boskov de entrenador. Por lo tanto, para mí, y no solo en lo deportivo, la figura de este presidente fue algo fuera de lo normal.

Del Bosque. Vujadin sustituye el segundo año de don Luis a Molowny que, prácticamente, se había quedado obligado el año anterior por la situación económica de la que hablábamos antes. No había dinero ni para contratar a un entrenador de fuera. Le pidieron un esfuerzo y él lo hizo. Me acuerdo cuando reapareciste. Fue en la pretemporada siguiente en Holanda. Lo tengo en la memoria porque tu situación no era normal, llevabas tanto tiempo sin jugar que todos queríamos que reaparecieras.

Camacho. Nunca paré de entrenarme. Después de la primera operación y de la segunda. Al principio cojeaba mucho, tenía la rodilla muy rígida. No podía. Doblaba la rodilla lo justo. Las operaciones de antes no eran como las de ahora. Los medios eran distintos. Me habían quedado unas adherencias. Me bastaba para entrenarme. En los entrenamientos me salía, pero no estaba para jugar partidos… Y ahí fue cuando apareció Luis de Carlos y me dijo que no solo no me iba a ir del Real Madrid, sino que me daba tres años más de contrato.

Del Bosque. Don Luis había vivido gran parte de la etapa de don Santiago, primero como directivo, después como tesorero. Además, era de los directivos activos. Con iniciativa. Estaba a diario en el club. Viajaba con el equipo. Cuando pasó a presidente todos le conocíamos. No fueron tiempos buenos. Entre nosotros, los jugadores, cuando teníamos que subir a renovar, decíamos en broma que casi teníamos que poner dinero de nuestro bolsillo. Ese primer año que tú estás fuera, tenemos muy mala suerte con las lesiones. Cayeron también Miguel Ángel, de ligamento cruzado, Pirri, Sol, San José…

Camacho. Don Luis era un hombre bueno, eso se notaba. Respiraba bondad. No era un presidente al uso. Tenía cercanía con nosotros. Él no quería problemas y por eso, posiblemente también, arregló mi situación con la firmeza que lo hizo. Habían salido informaciones de que yo había ido a escondidas a Barcelona para ver al doctor Cabot, que era el de Barça, y él no quería ningún problema con nuestros médicos. Le dije a don Luis que era mentira. No vi a ningún otro médico que no fuera el del club, hasta que el presidente no me dio permiso. Por otro lado, no era fácil, tal y como estaba el club en el aspecto económico, darle a un jugador lesionado tres años más de contrato. Le echó lo que le tenía que echar. Mucho valor para la época que era. Rompió con la política de renovaciones que tenía el club. Los grandes contratos, la revolución, llegaron después con Ramón Mendoza. Ya con la Quinta del Buitre y la llegada de Hugo Sánchez, Maceda, Gordillo.

Del Bosque. Tiene razón José. Era un hombre bueno. Se preocupaba por nosotros. Se interesaba por nuestras vidas privadas. Como presidente me llamó la atención que, aun habiendo recibido toda la herencia de Bernabéu y haber trabajado codo con codo con él, sin embargo tomó decisiones importantes, como fue la vuelta de Di Stéfano al club. Don Santiago había dicho que nunca volvería mientras él estuviera y Luis de Carlos, en un momento determinado, pensó que había llegado el momento de que volviera y tomó la decisión de que regresara como entrenador. Fue una decisión que demostraba que también tenía sus propias ideas. Además, soy de los que pienso que en la vida no se puede ser rígido por encima de un listón y que, si él consideraba oportuno que debía volver, olvidándose del pasado, hizo bien en tomar esa decisión que en su momento extrañó a algunos, sobre todo a gente del propio club.

Camacho. En su etapa de presidente también ocurrió una situación importante, no solo en el Real Madrid, sino en todos los clubes; fue cuando empezaron las nuevas retenciones de Hacienda y él como tesorero estaba al tanto de todo. Teníamos además un vicepresidente, Gregorio Paunero, que trabajaba en Hacienda y el Real Madrid siempre fue, en ese sentido, uno de los clubes más rígidos con todo lo relacionado con los impuestos. Ellos pensaban que nosotros teníamos que ser un ejemplo para los demás.

Del Bosque. Y otro asunto que es justo reconocer ahora que estamos recordando su etapa es que ni Luis de Carlos como presidente ni su Junta Directiva nos presionan en ningún momento con el nacimiento de la AFE y sus reivindicaciones laborales. Yo, por ejemplo, estuve en las primeras juntas y nunca tuve ninguna represalia ni problema con el club, que nos dejaba participar activamente en la solución de nuestros problemas. Nunca nos dijeron nada al respecto. Fue cuando comenzó a «ordenarse» el fútbol en España. Llegó la primera huelga y se fueron consiguiendo objetivos como la Seguridad Social, una tributación más racional, no como se pagaba antes.

Camacho. Eran tiempos de cambios a todos los niveles, pero De Carlos consiguió una estabilidad en el club. De hecho, seguíamos ganando títulos. Ese segundo año que yo ya juego renovamos el título. La Real Sociedad fue campeón de invierno y estuvo arriba hasta la penúltima jornada. No perdieron ningún partido hasta ese en Sevilla. En el último partido nos proclamamos campeones contra el Athletic en el Bernabéu.

Del Bosque. Boskov también nos aportó cosas nuevas a nivel futbolístico. Se adaptó rápido. Era listo. No se parecía en nada a Miljanić, otro técnico yugoslavo que habíamos tenido antes y que nos había cambiado, sobre todo, el concepto sobre la preparación física. Vujadin, aunque también fuera yugoslavo, era más de la escuela holandesa. Había trabajado allí, en el Feyenoord, y luego vino a España y lo hizo bien en el Zaragoza. Aquel equipo solo tenía dos extranjeros: Stielike y Cunningham. Ahora ocurre casi todo lo contrario, que solo juegan dos españoles, cuando juegan. Han cambiado los tiempos.

Camacho. Más adelante llegó la temporada (82-83) de las cinco finales perdidas. Muy injusta. Con Alfredo de entrenador. Perdimos la Liga en Valencia con un gol de Tendillo, al que fichamos luego.

¡Tiene narices! El Athletic ganó en Las Palmas un partido muy raro. De no ser porque Las Palmas bajó con esa derrota era para haber pensado mal. A Sarabia le regalaron casi dos goles. Perdimos la final de Copa en Zaragoza con un gol de Marcos de cabeza. Todavía estoy viendo su remate volando. Y también perdimos la final de la Recopa en Göteborg contra el Aberdeen. Ese día me pegaron un cabezazo y me tuvieron que sustituir porque no veía nada. No medía bien los espacios. No jugué la prórroga. Una pena de temporada. A don Luis, como a Di Stéfano, le afectaron mucho tantas derrotas seguidas. No sabíamos qué pensar… Había un gafe rondando por el club.

De Carlos y Tarradellas: una pequeña gran historia

Por Ignacio Astarloa Huarte-Mendicoa[*]

Con el inicio del año 1979 estrenamos en España el régimen constitucional democrático, después de que las Cortes Constituyentes, elegidas en 1977 como consecuencia de la Ley para la Reforma Política de 1976, elaborasen la vigente Constitución, que el pueblo español ratificó en referéndum, el rey proclamó y el Boletín Oficial del Estado publicó el 29 de diciembre de 1978.

A finales de 1979 se aprobaron también los primeros estatutos de autonomía: el Estatuto Vasco (Ley Orgánica 3/1979, de 18 de diciembre) y el Estatuto de Cataluña (Ley Orgánica 4/1979, de 18 de diciembre).

Como consecuencia de todo lo anterior, en 1979 (el 1 de marzo) se celebraron las primeras elecciones generales tras la entrada en vigor de la Constitución, seguidas un mes después de las primeras elecciones municipales constitucionales. Y, ya en 1980, se celebraron las primeras elecciones autonómicas al Parlamento vasco (9 de marzo) y al Parlamento de Cataluña (20 de marzo). Estas últimas, a las que luego prestaré mayor atención, convocadas por Decreto de la Presidencia de la Generalidad de 17 de enero de 1980.

En estos cinco años extraordinarios de la historia contemporánea española, se pusieron las bases para el impresionante cambio

---

[*]   Académico de número de la Real Academia de Jurisprudencia y Legislación de España. Letrado de las Cortes Generales.

desarrollado desde entonces en nuestro país en todos los órdenes. Años, obviamente, muy complejos y muy delicados, en los que fueron indispensables grandes dosis de consenso y concordia para forjar el encuentro colectivo indispensable para superar el pasado y afrontar todos juntos el futuro. Actuando sus protagonistas con determinación, pero también con prudencia para consolidar de manera sostenible el proceso.

La que sigue no es una historia política de esos años, pero sí es una pequeña gran historia de aquel tiempo, también de concordia y de prudencia, en la que intervinieron algunos políticos relevantes y en la que, en paralelo al protagonismo de unos singulares acontecimientos en el mundo del fútbol de los que voy a ocuparme, corría también el trasfondo político de aquel momento tan singular, hasta un punto en que se encontraron fútbol y política, tal y como podrá apreciarse en las líneas que siguen.

Una pequeña gran historia protagonizada, junto a otros, por Luis de Carlos Ortiz, a quien este libro está muy justamente dedicado.

La historia comienza en 1978, año en el que el Real Madrid y el Barcelona eligieron nuevos presidentes. El 6 de mayo, José Luis Núñez en el Barcelona, sucediendo a Agustí Montal Costa, que había presidido el club durante casi una década, desde 1969. Y el 3 de septiembre, Luis de Carlos en el Real Madrid, sucediendo después de siete lustros a Santiago Bernabéu, fallecido el anterior 2 de junio.

Meses antes, el Gobierno presidido por Adolfo Suárez había restablecido con carácter provisional la Generalidad de Cataluña mediante el Real Decreto-Ley 49/1977, de 29 de septiembre, «hasta la entrada en vigor del régimen de autonomía que pueda aprobarse por las Cortes». En ese tiempo provisional, el presidente de la Generalidad debía nombrarse por Real Decreto, a propuesta del presidente del Gobierno (artículo 4 del RDL) y es aquí donde aparece el otro protagonista de esta historia, Josep Tarradellas, retornado a España después de un largo tiempo como presidente de la Generalidad en el exilio —desde 1954— y nombrado ahora por Suárez presidente de esta Generalidad provisional y preautonómica mediante el Real Decreto 2596/1977, de 17 de octubre.

Solo seis días después, el 23 de octubre, desde el balcón del palacio de la Generalidad, Tarradellas formuló ante una multitud concentrada en la plaza de Sant Jaume su histórico saludo: «¡*Ciutadans de Catalunya, ja sóc aquí!*». Y tan solo una semana más tarde, el 30 de octubre, se repitieron presencia pública y aclamaciones, en este caso desde el palco del Camp Nou, en un partido entre el Barça y la Unión Deportiva Las Palmas, con el estadio adornado con la leyenda «*Benvingut a casa, president*».

Si en mayo del 78 Núñez accedía, tras ganar las elecciones, a la presidencia blaugrana, el 3 de septiembre de 1978 se llevó a cabo la Junta General del Real Madrid, en la que tuvo lugar la toma de posesión de la nueva directiva que presidía Luis de Carlos, único candidato presentado a unas elecciones que, en consecuencia, no tuvieron que celebrarse. «Esta Junta Directiva que hoy toma posesión —dijo De Carlos— y que no podrá contar con el consejo de Santiago Bernabéu, quiere hacer constar que, de sus aptitudes y de sus enseñanzas, sabrá servirse en el futuro inmediato para tratar de conseguir que el Real Madrid mantenga en España y en el mundo entero el prestigio que él supo darle».

Casualmente, ese mismo 3 de septiembre el presidente Tarradellas mostraba por su parte su apoyo a Núñez como nuevo presidente barcelonista, asistiendo en el palco del Camp Nou al primer partido de Liga. Coincidiendo con que escasos días después, el 8 de septiembre, una ponencia de veinte miembros elegidos por la Asamblea de parlamentarios catalanes, integrada por todos los diputados y senadores elegidos por las cuatro circunscripciones catalanas, comenzaba a su vez sus reuniones en el parador de Sau para elaborar el anteproyecto del que acabaría siendo el Estatuto de Autonomía de Cataluña de 1979.

El diario deportivo digital *Culemanía* recuerda, desde la esquina blaugrana, los comienzos de la relación entre los nuevos presidentes de ambos clubes de la siguiente manera: «Una de las primeras cosas que Núñez hizo como presidente del Barça fue visitar la capilla ardiente de Santiago Bernabéu, fallecido el 2 de junio. En Madrid, Núñez conoció a los máximos rectores del madridismo, entre ellos a Luis de Carlos, con el que entabló una amistad personal que el tiempo, y el trato a causa de sus respectivos cargos —De Carlos sustituyó a Bernabéu en la presidencia del Madrid—, se encargaron de extender a sus respectivas familias. El gesto de José Luis Núñez y el carácter afable y cordial de De Carlos abrieron una nueva etapa en las relaciones Madrid-Barcelona, cuya máxima expresión fue la invitación cursada por Núñez a De Carlos para que asistiera, en mayo de 1979, a la final de la Recopa de Basilea contra el Fortuna de Düsseldorf. El presidente madridista regresó a Madrid encantado del trato recibido y de lo bien que lo había pasado al lado de la plana mayor barcelonista».

En efecto, el 16 de mayo de 1979 el Barcelona jugó y ganó la Recopa de Europa 1978-79, venciendo por 4 goles a 3 en la prórroga al Fortuna Düsseldorf en el estadio St. Jakob Park de Basilea, logrando así la primera de sus cuatro Recopas.

Jugadores y aficionados festejaron a lo grande en la plaza de Sant Jaume este hito histórico, que dejaba atrás años de decepciones internacionales, calculándose que, si ya alrededor de treinta mil hinchas «culés» habían estado presentes en Basilea, fueron un millón los que salieron a las calles de Barcelona a celebrar el título al regreso del equipo. Pero no jalearon solo un título europeo tantos años esperado. La plaza, repleta de *senyeras* («la tradicional de cuatro barras rojas en fondo amarillo», según recogió luego el artículo 4 del Estatuto y hoy recoge su artículo 8), jaleó también otro saludo no menos famoso del presidente Tarradellas: «*Ciutadans de Catalunya, ja tenim una Copa d'Europa i aviat quedarà satisfet un altre gran anel del nostre poble: l'Estatut. Aquest triomf del Barcelona és el preludi de la nova Catalunya que estem forjant entre tots*».

Este clamor estatutario tenía entonces máximo sentido, dado que, por otra coincidencia en la cercanía de fechas, el proyecto de Estatuto había comenzado a tramitarse escasos días antes en las Cortes Generales. En efecto, aunque el proyecto había sido elaborado y finalmente aprobado en diciembre de 1978 en el parador de Sau por la mencionada Asamblea de parlamentarios catalanes, en paralelo a la aprobación de la Constitución, no había sido posible iniciar su debate en el Congreso a continuación, al estar las Cortes disueltas desde enero de 1979 para la celebración de las comentadas elecciones generales de marzo de 1979. Además, el propio Congreso empezaba de cero su primera legislatura constitucional y tuvo que aprobar previamente unas normas para establecer la tramitación a seguir con los proyectos estatutarios.

Hubo entonces que esperar a la reunión de la Mesa del Congreso de los Diputados del 5 de mayo para que se diese el pistoletazo de salida con el siguiente acuerdo: «La Mesa del Congreso de los Diputados, en su reunión del día 5 de los corrientes (mayo de 1979), en cumplimiento de lo dispuesto en las normas aprobadas por el Pleno de la Cámara, en sus sesiones de los días 30 y 31de mayo de 1979, acordó publicar en el Boletín Oficial de las Cortes Generales el proyecto de Estatuto de Autonomía de Cataluña, así como su remisión a la Comisión Constitucional para su tramitación en ella» (y al acuerdo seguía la publicación íntegra del proyecto en el Boletín de las Cortes, sección Congreso de los Diputados, serie H, núm. 9-I, de 12 de junio de 1979).

A partir de esa fecha, tras su tramitación en Madrid y tras la celebración en Cataluña del referéndum constitucionalmente requerido, el Estatuto fue finalmente aprobado por el Pleno del Congreso el 19 de noviembre de 1979 y por el Pleno del Senado el 12 de diciembre y se publicó como Ley Orgánica 4/1979, de 18 de diciembre, en el BOE de 22 de diciembre de 1979. Lo cual hizo posible la comentada convocatoria de las primeras elecciones al nuevo Parlamento de Cataluña (enero de 1980) y su celebración el 20 de marzo de 1980, sobre la que inmediatamente voy a volver.

Volviendo al 16 de mayo en Basilea, cuentan las crónicas que Luis de Carlos aceptó la invitación para acompañar a la directiva azulgrana a la final, compartiendo así durante tres días las ilusiones y esperanzas primero y la alegría del triunfo definitivo después. Y ese gesto del presidente madridista no ha dejado de recordarse en Cataluña desde entonces. Como muestra, la crónica de *El Mundo Deportivo* de 10 de octubre de 2014, que recuperaba la narración de lo ocurrido: «Cuentan las crónicas que cuando el Barça ganó su primera Recopa en Basilea, en 1979, el entonces presidente del Real Madrid, Luis de Carlos, asistió a la final con un escudo del club azulgrana en la solapa de su americana. Era todo un señor que cumplía a rajatabla con la letra del himno de su club, el autodenominado "caballero del honor": enemigo en la contienda, cuando pierde da la mano, sin envidias ni rencores, como buen y fiel hermano».

Pero, lamentablemente, este hermanamiento duró poco. *Culemanía* cuenta la ruptura de la siguiente manera: «En diciembre, sin embargo, Núñez desempolvó, para sorpresa de De Carlos, la vieja hacha de guerra azulgrana y arremetió contra el Real Madrid y el entonces presidente del Colegio Nacional de Árbitros, José Plaza. Las palabras de Núñez indignaron de tal manera a Luis de Carlos, que anunció que no volvería a pisar el palco del Camp Nou ni participaría en ninguna reunión en la que estuviera el presidente Núñez».

Las restantes publicaciones fechan este desencuentro en una reunión en la Real Federación Española de Fútbol el 16 de octubre de 1979, en la que sendas protestas del presidente del Zaragoza y otros sobre fallos arbitrales que habrían favorecido al Real Madrid fue el detonante de una apasionada intervención de Núñez contra los blancos y contra los árbitros. Las crónicas añaden que fue en el estadio de El Molinón donde nació por aquellos días el crítico «así, así gana el Madrid», hoy de doble uso.

Alfredo Relaño lo reflejó así en una crónica publicada en *El País* el 6 de febrero de 1980: «La fricción se produjo en una reunión de presidentes de clubes de primera. Un día antes de la misma, el Zaragoza había sido derrotado por el Madrid en el Bernabéu gracias a un gol de Rincón a última hora; la moviola demostró posteriormente que el gol había sido conseguido en fuera de juego. Sisqués, presidente del Zaragoza, se lamentó al comienzo de la reunión de que la actuación del árbitro había perjudicado, una vez más, a su equipo ante el Madrid, y el presidente del Barcelona, que ya había hecho en alguna ocasión denuncias en este sentido, aprovechó la queja de Sisqués para apoyarla. Los presidentes del Valencia y del Almería —clubes que habían jugado poco antes contra el Madrid— también se quejaron de los arbitrajes en sus enfrentamientos con el club que preside De Carlos. Núñez aprovechó las protestas de todos ellos para insistir en que los árbitros ayudaban sistemáticamente al Madrid, y De Carlos, tras pedirle varias veces que rectificara, abandonó la reunión: "No puedo estar sentado en la misma mesa que un señor que ha ofendido al Madrid". Desde entonces, De Carlos se ha negado a acudir a reuniones en las que Núñez estuviese presente. Este no ha querido rectificar públicamente sus manifestaciones porque no las hizo a ningún medio de comunicación, sino en una reunión cerrada».

En parecidos términos, el desencuentro lo recordaba *ABC* de Madrid el 22 de marzo de 2015 de la siguiente manera: «Todo había comenzado con un gol de Hipólito Rincón contra el Zaragoza que la moviola demostró que estaba en fuera de juego. En una reunión de presidentes de clubes de primera, Núñez se adhirió a las protestas del presidente zaragocista y de otros mandatarios aparentemente también perjudicados por los arbitrajes contra el Madrid. En realidad,

Núñez aprovechaba en esa época cualquier decisión arbitral que hubiera ayudado al equipo blanco para arremeter contra lo que consideraba "ayudas sistemáticas de los colegiados" al Real Madrid. "No puedo estar sentado en la misma mesa que un señor que ha ofendido al Madrid", exclamó el presidente del Madrid antes de abandonar la reunión. Durante los meses siguientes, no fructificó ninguno de los intentos de mediación que realizó Pablo Porta, porque De Carlos exigía una rectificación de Núñez, que este no estaba dispuesto a dar, con la excusa de que sus quejas contra los arbitrajes no habían sido en público sino en una reunión privada. Así que tuvieron que intervenir los representantes políticos».

El Periódico, que tituló en portada «estalla la guerra Núñez-Real Madrid», con el subtitular «Luis de Carlos llama mentiroso al presidente del Barça», contaba que el Madrid «había declarado persona *non grata* a Núñez por acusarle este de manipular la Liga e influir en árbitros que les regalaban goles en fuera de juego».

Por su parte, la revista *Líbero*, recogiendo el testimonio privilegiado de Antón Parera, exgerente del club catalán, refleja que Núñez denunció la parcialidad arbitral y que la competición estaba viciada, añadiendo unas palabras concretas que generaron el enfrentamiento final: «Cuando en la ruleta siempre sale el 36 es que alguien hace trampa», ante lo cual Parera describe una explosión de indignación del responsable arbitral José Plaza, y la reclamación de un no menos enojado Luis De Carlos de retirada de semejantes imputaciones, bajo la advertencia de abandonar la Federación. El relato de Parera termina con Núñez negándose a pedir disculpas («nos robáis todos…») y con De Carlos levantándose y abandonando la reunión («no puedo estar sentado en la misma mesa que un señor que ofende al Madrid»).

Según *El Confidencial* de 20 de marzo de 2015, De Carlos respondió: «El señor Núñez vive pensando en el Real Madrid. Si dedicase el mismo tiempo a su club, quizá le fuesen mejor las cosas al Barcelona. No pierde ocasión de zaherirnos». Y reflejó que el mismo día del desencuentro los dos clubes ofrecieron una nota informativa en la que cada cual defendía los intereses de sus entidades. «El Madrid decidió no asistir a ninguna reunión de la Federación Española de Fútbol hasta que no hubiera la debida resolución por la denuncia del Zaragoza y el Barcelona relacionada con los árbitros. El comunicado del club catalán se basaba en que De Carlos atacaba personalmente a

Núñez, haciendo hincapié el presidente del Barcelona en que lucharía hasta desfallecer por los socios, así como por los ideales que significan los colores azul y grana».

En este conflictivo clima se terminó 1979 y nació 1980, en cuyo mes de enero se convocaron, como ya dije, las primeras elecciones al Parlamento de Cataluña, a celebrar el 20 de marzo. Y es aquí donde acaban por confluir al máximo nivel fútbol y política, porque un mes antes del día de votación, en pleno periodo electoral, tenía que disputarse en el Camp Nou lo que hoy llamaríamos un clásico, un Barcelona-Real Madrid que se preveía más controvertido y conflictivo de lo habitual, en un momento en que se requería especialmente un ambiente de sosiego para la campaña electoral de los comicios fundacionales de la nueva comunidad autónoma, rodeados de la incertidumbre de lo desconocido y de la consiguiente preocupación general por el buen desarrollo de este primer proceso electoral.

Comenzaré por contar lo sucedido en esas fechas de la mano del testimonio más valioso, como es el de Pepe de Carlos, digno hijo de su padre y depositario formidable, no solo de cada detalle de la presidencia del mismo, sino de la historia entera del Real Madrid desde 1939 hasta el día de hoy, a quien agradezco enormemente su confianza y amistad para compartir conmigo, con su admirable minuciosidad, este episodio, que aglutina a un tiempo historia social, deportiva y política de España. El que sigue es ese detallado testimonio.

Un día del mes de febrero de 1980, a las ocho de la mañana, sonó el teléfono fijo que el presidente De Carlos dejaba conectado en su cuarto, clavija mediante, durante la noche. Era directamente el presidente Tarradellas quien, para sorpresa —e incluso incredulidad— del dirigente blanco, todavía medio dormido, le proponía una reunión al día siguiente en Zaragoza. Ante la pregunta obvia de las razones para semejante propuesta, el *molt honorable president* aclaró que tenía un interés enorme en reunirse con De Carlos antes del partido que había de jugarse el siguiente domingo entre el Madrid y el Barcelona. Y una vez aceptado el encuentro por el regidor madridista, que inmediatamente ofreció con elegancia desplazarse él mismo directamente a Barcelona, Tarradellas le interpeló sobre la posibilidad de que en la reunión estuviesen también el presidente del Barcelona José Luis Núñez y el entonces presidente de la Federación

Española de Fútbol Pablo Porta, sobre lo que obtuvo idéntica respuesta positiva.

Reunidos todos los citados el miércoles 6 de febrero de 1980, cuatro días antes de la celebración del partido, Tarradellas centró una vez más directamente la cuestión: en estos momentos la situación de España es tan complicada que no quiero que el fútbol la complique aún más. El domingo es el Barcelona-Madrid. Cualquier declaración de ustedes puede encender la mecha y no estamos ahora para bromas, así que les pido a ustedes la máxima discreción y diplomacia.

Todos asintieron y, cumplido el propósito del encuentro, Luis de Carlos anunció al *president* que quería imponerle la insignia de oro y brillantes del Real Madrid, lo que dejó un poco fuera de juego a Núñez, quien no había pensado en semejante posibilidad para ese momento. Tarradellas, como el político experto que era, le pidió al presidente blanco que le entregase la insignia cuando ya estuviese presente la prensa y le alivió a Núñez diciéndole que ya se la entregaría en otro momento. Y tras las fotos de rigor ante los medios, entrelazando manos y prodigando sonrisas y parabienes, todos juntos se fueron a comer.

Este relato desde la memoria familiar se complementa a su vez con la crónica antes mencionada de Alfredo Relaño en *El País*, que contiene datos valiosos referidos principalmente al Real Madrid, y con el testimonio de otro testigo relevante, el citado exgerente Antón Parera, reproducido en el documento publicado en la mencionada revista *Líbero* bajo el título «El clásico de Tarradellas».

En primer lugar, reproduzco casi íntegra, por su interés, la crónica contenida en *El País* de 6 de febrero de 1980, que ilumina además aspectos previos a la famosa llamada de teléfono de Tarradellas a De Carlos:

«Josep Tarradellas, presidente de la Generalidad, parece a punto de reconciliar a los presidentes del Madrid y el Barcelona. Al menos ha conseguido que ambos acepten reunirse con él esta mañana, en el palacio de la Generalidad, para comentar sus diferencias y tratar de eliminarlas.

Dado que los intentos de mediación de Porta, presidente de la Federación, fracasaron, las mediaciones se llevaron a más altas instancias. Hace algunas fechas se entrevistaron en Barcelona el presidente de la Diputación de Madrid, Carlos Revilla, y Josep Tarradellas, y entre los temas de conversación estuvo presente la fricción Núñez-De Carlos. El pasado día 30, Tarradellas envió a De Carlos una ceremoniosa carta que comenzaba: "Espero que su bondad disculpe mi atrevimiento al rogarle que acepte la visita del señor Esquerda...". Josep Maria Esquerda es miembro de la Generalidad y ha sido nombrado recientemente delegado de este organismo en el Comité Organizador del Mundial. De Carlos se entrevistó con él y aceptó los intentos de mediación de Tarradellas. En la mañana de ayer, Tarradellas recibió a Pablo Porta en el palacio de la Generalidad y después concertó la cita con los dos presidentes. Tarradellas telefoneó en persona a De Carlos, e incluso llegó a ofrecerle que la reunión se celebrara en una ciudad "neutral", que podía ser Zaragoza. De Carlos aceptó desplazarse a Barcelona esta mañana y reunirse con Núñez en presencia del propio Tarradellas, de Porta y de Esquerda. La reunión se celebrará a partir de las once. A última hora de la mañana, si, como se espera, los dos presidentes han limado sus diferencias, habrá un comunicado de prensa, y después, los protagonistas de la reunión comerán en el propio palacio. El hecho de que De Carlos haya aceptado reunirse con Núñez supone que hay grandes posibilidades para esa reconciliación.

Por su parte, el Barcelona ha dado una muestra de buena voluntad para con el Madrid al facilitarle un segundo envío de entradas. El Madrid solicitó en principio mil doscientas, que agotó rápidamente, por lo que pidió doscientas más, y el Barcelona accedió inmediatamente a su segunda petición. El detalle puede parecer insignificante, pero no lo es, porque al entregar estas entradas al Madrid para que satisfaga sus compromisos, el Barcelona deja de satisfacer los propios. Aunque el Camp Nou es capaz para 93.000 espectadores, el elevadísimo número de socios y abonados hace que solo una muy pequeña porción de las localidades esté disponible. Concretamente, el Barcelona solo disponía para este partido de 5.860 entradas para sacar a la venta, número que queda reducido a 4.460 tras los pedidos del Madrid. El Barcelona tiene 229 peñas, y a cada una de ellas solo ha enviado la cuarta parte de las entradas que solicitaba. Eso pone de relieve que en la entrega de localidades ha obrado con voluntad conciliadora.

La mediación de Tarradellas ha sido vista con muy buenos ojos por De Carlos, que asegura que acude a la cita con las mejores esperanzas: "Tarradellas ha dado al asunto una importancia que yo creo que tiene, y ha sabido mediar con mucho tacto y muy buena visión. Yo no voy porque me vea forzado porque piense que sería una grave desatención hacia Tarradellas ir. No; yo voy porque pienso que él puede resolver la cuestión, y que esta reunión es una estupenda oportunidad". A la pregunta de si ha obtenido garantías de Tarradellas de que Núñez le presentará disculpas, contestó negativamente: "Yo no he puesto ninguna condición, aunque sí pienso que si Tarradellas ha dado este paso es porque tendrá los peones bien dispuestos para hacer su jugada. Tampoco admito que sea una maniobra electoralista por su parte. Ha sido un gesto de buena voluntad para resolver un problema que a él le parece importante, y eso es algo en lo que yo coincido con él". El Madrid, no obstante, envió ayer una nueva carta a la Federación, insistiendo en que tome medidas contra las declaraciones de Núñez, que, tras el pasado Betis-Barcelona, el domingo, hizo unas nuevas declaraciones que molestaron al Madrid. Sin embargo, De Carlos agradece al Barcelona su conducta en lo que se refiere al envío de entradas para el partido del domingo próximo: "Sé que al enviarnos más entradas de las que pedimos en principio han hecho un esfuerzo digno de agradecer, porque se han privado de algo que ellos mismos necesitaban. Eso es cierto, y es algo que se hace preciso reconocer"».

Por su parte, los recuerdos de Antón Parera reproducidos en *Líbero* añaden también jugosos elementos sobre este encuentro, tanto vistos desde la política como desde el mundo del fútbol.

Relevante desde la política es que Parera pusiese de relieve que la iniciativa partió, realmente, del presidente Adolfo Suárez, quien llamó a Tarradellas solicitando su colaboración para esta misión de mediación entre los dos clubes, según el propio Tarradellas reveló a Parera. En palabras de la crónica de *Líbero*, «la ultraderecha de un lado, y ETA, los GRAPO y hasta Terra Lliure por otro. Con este panorama no era la mejor de las ideas que escalara un enfrentamiento institucional entre las dos válvulas de escape de la mayoría de la población. Así que cuando llegó la crisis arbitral de otoño del 79, con sus toneladas de crispación, Moncloa terminó tomando cartas en el asunto». Suárez «recurrió a Tarradellas por la carga positiva que desprendía y por la ascendencia que demostró tener sobre todos los actores de la sociedad catalana. Y Tarradellas le contestó —concluye Parera— "déjamelo a mí"». Otros medios como *Culemanía* mencionan también como detonantes del movimiento de Adolfo Suárez la extrema debilidad del Gobierno de la UCD, con indicadores de paro y precios disparados y planeando sobre la cabeza del presidente una moción de censura del PSOE. En cualquier caso, es evidente que se vivían en aquellos meses momentos históricos en los que la pasión estaba en su más alto grado ante el cambio acelerado de régimen.

En cuanto a los movimientos del *president* en relación con el Barça, Parera ha desvelado que se hizo invitar a una reunión de la Junta Directiva del club, que Núñez organizó reticente, forzando eso sí a Tarradellas a acudir al club un viernes a las 20 horas, formas sobre las que luego don Josep no dejaría de hacer saber su disgusto. Tal y como lo contó a *Líbero* el que entonces era importante directivo y gestor de la mayor confianza de Núñez, cuando el presidente de la Generalidad urgió en la reunión, directamente, a solucionar el problema, Núñez y otros directivos le opusieron, en una dura y larga reunión, el derecho del Barcelona a gestionar autónomamente sus asuntos y a tomar sus propias decisiones, pero Tarradellas no admitió oposición, puso ante la tesitura de enfrentarse a la Generalidad a importantes empresarios, constructores y hoteleros allí presentes, y a todos les puso a su vez ante los hechos consumados de tener que contradecir públicamente la palabra del *president*. El resultado fue que se votó favorablemente hacer las paces con el Madrid, según un Núñez no demasiado feliz le transmitió por teléfono a Tarradellas esa misma noche.

El estupendo reportaje de *Líbero* aporta también otros dos testimonios que ponen en alto valor el comportamiento de Luis de Carlos. El primero, el del periodista José María García, a quien Tarradellas habría llamado para que echase una mano tras escuchar en la reunión lo importante y lo influyente que era un tal «butanito». García refleja que Núñez había entrado en el fútbol como un caballo en una cacharrería, lo que le había hecho perder al presidente blanco su seriedad y su flema. Pero que De Carlos «se comportó como lo que era, un auténtico señor».

De similar naturaleza es el segundo testimonio, en este caso del periodista Emilio Pérez de Rozas, hijo del no menos prestigioso fotógrafo Carlos Pérez de Rozas, autor de la foto más famosa de este «abrazo de San Jaume». En sus manifestaciones a *Líbero*, Pérez de Rozas hijo dice: «En catalán se le llama *tarannà* al carácter, el talante de las personas. En esta foto hay tres *tarannàs* totalmente diferentes: la mano izquierda de Tarradellas para arreglar las cosas, sin ostentación, como si fuera todo normal. El señorío de De Carlos, que si se levantó de aquella mesa de la Federación era porque algo muy gordo habían dicho. De los últimos treinta y cinco años solo se me ocurre él como el único presidente que no alimentaría una polémica así. Y el puntito, o puntazo diferente de Núñez. Yo creo que él fue el que puso de moda aquello de que si montabas escándalos pensabas que luego te beneficiarían los arbitrajes».

En cuanto al desarrollo de la reunión, lo que reproduzco a continuación es parte de la ilustrativa crónica de *El País* del día siguiente, 7 de febrero, que dice así:

«La paz se ha hecho; el domingo irán todos juntos al estadio, pero no será precisamente una paz fácil de mantener, ya que el presidente Núñez declaraba poco después de finalizado el acto: "Hemos firmado la paz, pero el Barcelona no renuncia a su lucha por modificar las estructuras del deporte español".

La jornada la iniciaban Tarradellas y Núñez reuniéndose en el *palau* de la Generalidad, a las diez de la mañana; sobre las 11.30, llegaba Pablo Porta, y pasadas las doce —cosas de la niebla de Barajas—, hizo su aparición el presidente madridista. Poco después de la una de la tarde, Josep Maria Esquerda (el hombre de la Generalidad en el Mundial) daba lectura al siguiente comunicado: "A instancias del presidente de la Generalidad de Cataluña, muy honorable señor Josep Tarradellas, ha tenido lugar esta mañana, en el palacio de la Generalidad, una reunión a la que han asistido el presidente de la Federación Española de Fútbol, don Pablo Porta; el presidente del Real Madrid Club de Fútbol, don Luis de Carlos y el presidente del Fútbol Club Barcelona, don José Luis Núñez. En la reunión se ha tratado, principal y ampliamente, de las relaciones entre los clubes de fútbol Barcelona y Real Madrid, singularmente a raíz de ciertas disensiones producidas en el seno de las reuniones federativas a las que asistieron los presidentes de ambos clubes. Los señores Luis de Carlos y José Luis Núñez han constatado el espíritu de cordialidad y mutuo respeto que, por encima de la tradicional rivalidad deportiva y de erróneas interpretaciones, ha sido constante pauta de conducta entre ambos clubes, formulando al propio tiempo los mejores deseos de mantener e incrementar en el futuro sus amistosas relaciones. Asimismo, han coincidido en manifestar que, merced a esta reunión, se ha superado cualquier interpretación que haya podido darse a determinadas declaraciones, contraria al espíritu de cordialidad que debe ser constante entre los dos clubes.

El presidente Tarradellas ha expresado su satisfacción por el resultado de la reunión, agradeciendo a los presidentes de ambos clubes la postura adoptada y la afinidad manifestada, símbolo y reflejo de la solidaridad existente.

Los presidentes de los dos clubes, señores Luis de Carlos y José Luis Núñez, y el presidente de la Federación Española de Fútbol, señor Pablo Porta, expresaron su agradecimiento al muy honorable señor Josep Tarradellas, presidente de la Generalidad de Cataluña, por su mediación, que ha dado como resultado la reafirmación del sentido de amistad que ha presidido la reunión".

Una vez roto el protocolo, se le pudo oír al presidente Tarradellas comentar que el tema se había solucionado al utilizar la vía política y no entrar nunca en los aspectos deportivos, apuntando con una sonrisa: "... Y ni mucho menos hablar de árbitros"».

Por su parte, *El Periódico* tituló: «El Barça-Madrid se jugará en paz» y puso bajo la imagen un pie de foto llamativo: «La Generalitat fue ayer una "Vergara" futbolística», un lenguaje «bélico» —ha añadido años después este periódico, glosando su número de aquella fecha—, que «no ha desaparecido nunca de las crónicas deportivas, como demuestra la hemeroteca». Por su parte, **el redactor jefe Àlex J. Botines** celebró en aquellas páginas, hace más de cuarenta años, la mediación de Tarradellas con un epílogo titulado «¡*Ja sóc aquí*!, de verdad», en el que concluía que «el *nostre president* es, hoy más que nunca, un *president nostre*. De *Catalunya* y, por ende, del Barça».

A todo lo cual cabría sumar, con otras tantas crónicas, pequeños detalles reales o legendarios, como que Tarradellas le habría contestado a De Carlos que no se interesaba mucho por el fútbol pero que no deseaba que por el pretexto del fútbol se estropeasen las relaciones entre Madrid y Barcelona y se originase un ambiente no deseado y menos en ese concreto momento (*Codalario*). Que el apretón de manos público se produjo bajo el retrato del rey Juan Carlos en uniforme de la Armada, como acreditan las fotos (*ABC*). O que Tarradellas habría dicho tras los abrazos: «Espero que el domingo el Real Madrid sea recibido con más entusiasmo que nunca en nuestro campo» (*El Confidencial*).

En una entrevista posterior concedida al suplemento de *ABC* «Blanco y Negro», Luis de Carlos dejó dicho que «el abrazo a Núñez significó en realidad un abrazo que yo daba a Cataluña y a Barcelona».

En cuanto al partido del domingo 10, este se desarrolló, bajo la presidencia de Tarradellas, con normalidad y sin que nadie alterase lo acordado. Aunque un posible penalti no pitado hizo peligrar la convivencia en el palco y desató, según contó Parera, una broma final de Tarradellas a Núñez: «José Luis, tenías razón, pero yo no podía hacer más que lo que he hecho» (*Líbero*).

El partido lo ganó el Real Madrid de Boskov por 2 goles a 0, marcados por García Hernández y Santillana. Con un equipo formado por García Remón, San José, Benito, Camacho, Ángel, Del Bosque, Pirri, García Hernández, Cunningham, Juanito y Santillana (luego incorporados también Sabido y Roberto Martínez). Mientras que por el Barcelona se alinearon Artola, Serrat, Olmo, Migueli, Zuviría, Asensi, Julián Rubio, Tente Sánchez, Carrasco, Roberto y Simonsen.

Junto a todas las vicisitudes mencionadas, el partido se recuerda también por la elegante ovación con la que el Camp Nou despidió a Laurie Cunningham, después de realizar un extraordinario encuentro. En las biografías del desafortunado jugador inglés, fallecido muy joven en accidente de automóvil, se hace constar que este fue su partido más brillante con la camiseta blanca y, para algunos, el que mejor jugó en toda su carrera.

Esta temporada 79/80, el Real Madrid acabó ganando la Liga en dura pugna con la Real Sociedad y finalizó redonda, porque, en junio, en el estadio Santiago Bernabéu, ganó también la Copa del Rey, en una insólita final contra su filial, el Castilla, que había hecho la hombrada de superar todas las eliminatorias.

Así acaba la pequeña gran historia que anuncié al comienzo. Después, como muchos pronosticaron, la paz en nuestro fútbol no fue duradera. Pero fue muy importante que se produjera en aquel momento de concordias necesarias de distinta naturaleza en nuestra vida nacional para sacar el país y la democracia constitucional adelante, en lo que viene constituyendo desde entonces, con sus incidentes de recorrido —algunos, ciertamente, de mucha gravedad— el periodo más venturoso y libre de la historia moderna de España.

Como importante fue también que todo lo ocurrido dejase entre sus protagonistas una relación duradera de amistad. Cuando Luis de Carlos entregó al presidente Tarradellas la insignia de oro y brillantes del Madrid, le trasladó que sería un orgullo recibirle un día en su despacho del estadio Bernabéu (*El Confidencial*). En la comida posterior, en una conversación en la que hablaron de todo, incluidas las razones por las que Tarradellas no se presentaba a las elecciones y dejaba el poder, el *president* anunció a De Carlos que, aceptando la invitación, visitaría el Bernabéu en quince días. Visita que en efecto realizó y de la que quedan los testimonios gráficos capturados por Gálvez y Vega y el estupendo recuerdo del grabado con una placa con dedicatoria de presidente a presidente y la emblemática fecha de febrero de 1980 que Tarradellas regaló a De Carlos y que la familia conserva.

Pepe de Carlos cuenta que, a partir de entonces, cada vez que su padre iba a Barcelona cenaba en casa de Tarradellas, cultivando una relación hasta la muerte de este, momento triste en el que Luis de Carlos se personó también en Barcelona. Cuando se presentaron las memorias de Tarradellas en el Hotel Palace de Madrid, allí estaba igualmente el presidente madridista, rindiendo su homenaje, invitado por la viuda del *president*. Y de la mano de Pepe de Carlos añado finalmente dos sabrosas anécdotas más.

La primera tiene que ver con las respectivas reelecciones en las presidencias. Como dije líneas atrás, De Carlos había preguntado a Tarradellas por qué no se había presentado a la reelección y este le había respondido, en resumidas cuentas, que después de tantos años de lucha y ante el cambio de los tiempos y las costumbres, era lo que ya procedía (de hecho, debió de tener una jugosa argumentación sobre el declinar de las corbatas como síntoma). Por su parte, llegado el momento, en 1985, De Carlos decidió dejar la presidencia para la que había sido reelegido en 1982 y convocar elecciones. Tarradellas, entonces, le devolvió la pregunta y De Carlos le contestó, evocando la conversación anterior, más o menos lo siguiente: la culpa la tiene usted. ¿Usted se acuerda de uno de los consejos que me dio? Me dijo que en la copa de vino nunca hay que beber el último sorbo, hay que dejar un poso porque ahí ya se está acabando el buen vino y lo que me pasa ahora a mí es que estoy como la copa de vino.

La segunda tiene que ver con José Luis Núñez y es que, según relata Pepe de Carlos, cuando acabaron la famosa reunión y la posterior comida de la paz convocadas por Tarradellas, De Carlos le pidió al presidente del Barça pasar por su domicilio para ver a su mujer, a la que había traído un regalo. Con ella y con el propio Núñez tuvo en definitiva una relación muy buena, lo cual no evitó que, como he dicho, saltaran más que chispas en bastantes ocasiones. Y, como dato final, De Carlos hijo recuerda con mucho afecto que, cuando murió su padre, las primeras coronas que se recibieron fueron la del Barcelona y la de Nicolás Casaus.

Hasta aquí la historia. Tuve la suerte de conocer y de tratar a don Luis de Carlos y puedo dar fe de su bonhomía —en la que hay coincidencia universal— y de su personalidad juiciosa, serena, constructiva y generosa, que se refleja con claridad en lo que aquí he relatado.

Terminaré con una anécdota personal que también refleja todo esto. En la temporada 83/84 resultó absolutamente decisivo para resolver el campeonato de Liga un partido disputado en San Mamés, el 1 de abril de 1984, entre los dos aspirantes que quedaban a la altura de la jornada 30, es decir, a cinco jornadas del final, que no eran otros que el Real Madrid y mi equipo, el Athletic Club de Bilbao. A ese partido me invitaron a acudir juntos desde Madrid las tres generaciones de De Carlos: el presidente, su hijo Pepe y su nieto Luis, que había sido un excelente alumno mío y con el que conservo desde entonces una entrañable amistad, extendida a su mujer Pilar Sebastián, no menos excelente alumna mía y, con el tiempo, a toda la familia.

Juntos viajamos los cuatro. Juntos comimos maravillosamente en uno de los asadores de Guetaria y pasamos un día de amistad extraordinario. Juntos estuvimos en el partido (el presidente, obviamente, en el palco). Juntos vimos el gol inicial del madridista Stielike y luego la remontada del Athletic con goles de Goikoetxea y de Dani, ¡este, de infarto, en el minuto 87! Y juntos volvimos a Madrid, ya de madrugada. Y el caso es que no pude tener más cariñosa, generosa y efusiva compañía en esas horas de camino, en las que lo que era para mí una alegría incontenible, era para ellos la desilusión ante un triunfo del Athletic que inclinaba la Liga a nuestro favor, como efectivamente acabó consumándose semanas después (aunque sufriendo hasta el último minuto de una jornada 34 en la que el título fue para el Athletic, pero con igual número de puntos que el Madrid).

Volvieron decepcionados, claro está, pero compartiendo conmigo sinceramente mi gozo y mi emoción. Con una caballerosidad fuera de toda regla, que en el caso del presidente Luis de Carlos quedó reflejada en decenas de ocasiones como esta y, muy particularmente, en los sucesos de los que he dado noticia en este texto, que es a la vez mi modesto homenaje al hombre cabal y honorable que fue Luis de Carlos Ortiz. Un hombre de concordia en un tiempo muy valioso de búsqueda colectiva de la concordia. Un presidente del que, sin excepción, se sigue reconociendo hoy que el santo y seña de su mandato fue su señorío, al tiempo que mantenía en todo momento con firmeza los valores del madridismo, lo que le hizo acreedor de un reconocimiento unánime de unos y de otros en el mundo del fútbol. Esa sigue siendo la valiosa memoria que ha dejado.

Fiel colaborador de Santiago Bernabéu. © Real Madrid.

Con Maria Bernabéu. © Real Madrid.

En la Asamblea del Real Madrid con Bernabéu y Saporta. © Real Madrid.

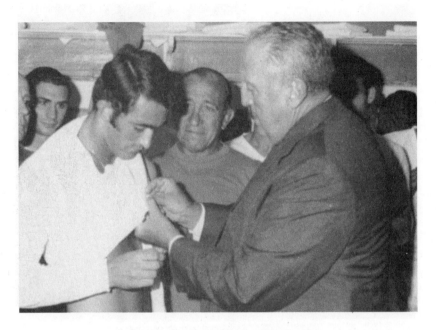

Santiago Bernabéu imponiendo a Pirri la primera
Laureada del Real Madrid. © Real Madrid.

Miljanic, Camacho, Pirri, Benito y Macanás en el vestuario. © Real Madrid.

Con Molowny y Boskov, sus dos primeros entrenadores. © Real Madrid.

Del Bosque, Santillana, Camacho, Pirri, Sol, Benito y Miguel
Angel en un entrenamiento. © Real Madrid.

Vicente del Bosque. © Real Madrid.

José Antonio Camacho. © Real Madrid.

Recibiendo a Tarradellas en el Bernabéu. © Galvez y Vega.

Con Tarradellas y la Junta Directiva. © Real Madrid.

Con Paco Vázquez, alcalde de La Coruña. Archivo de la familia.

Con la cúpula del fútbol mundial: Stanley Rous (presidente
de la FIFA), Santiago Bernabéu, Artemio Franchi (presidente
de la UEFA) y Luis de Carlos. Archivo de la familia.

Una final de Copa única e irrepetible

Por Ricardo Gallego*

Por segunda vez se tiene que repetir el sorteo de la eliminatoria de la Copa del Rey de la temporada 1979-80. El Real Madrid ha salido emparejado con el Castilla (filial del Real Madrid). Bueno, no pasa nada, lo normal es que no suceda en la siguiente eliminatoria y ya lo modificaremos para las próximas temporadas. Cada vez que el Castilla avanzaba en la competición, en la Real Federación Española de Fútbol tragaban saliva y miraban al cielo. Al final, el Castilla eliminó a todos los equipos a los que se enfrentó en las rondas eliminatorias y consiguió llegar a la final. Final en la que se tendría que enfrentar al Real Madrid.

Final inédita, a la que, además, se le podrían poner cien mil adjetivos para describirla y que fue única, pues a partir de esa temporada se pusieron normas para que no se volviera a producir. A dos semanas del decisivo encuentro, algo cambió en la rutina matinal de los entrenamientos en la Ciudad Deportiva. Era difícil explicar cómo dos equipos estaban entrenándose en las mismas instalaciones a unos días de jugarse toda una final de la Copa de Rey. Probablemente el partido más bonito para jugar dentro del campeonato interno español.

Cuando nos cruzábamos los jugadores de ambos equipos por los pasillos o en el aparcamiento ahora solo había un escueto «hola» o «buenos días». Antes había charlas intrascendentes más largas, pero

---

* Exjugador del Castilla y del Real Madrid.

en cada encuentro, en cada cruce, se palpaba que estaba cerca el partido. Además, la prensa comenzaba a hacer preguntas que eran suyas, pero que las ponían en boca de los aficionados por falta de valentía. Tales como: «La gente dice que la directiva os ha dado órdenes de dejaros ganar», o similares.

Para mí fue la semana más desagradable que pasé en el Castilla. Hasta donde yo sé, nadie del club hizo comentario alguno respecto al enfrentamiento. Es más, estaban orgullosos de hacer historia con una final como esa y su comportamiento fue ejemplar en todos los sentidos.

Aquella fue una final donde no hubo separación de aficiones, donde se jugaba en el estadio que era de los dos equipos, donde las banderas y los cánticos eran para los dos equipos, donde nada era igual a otra final. El partido inició muy igualado. Nosotros (el Castilla) estábamos tranquilos y jugábamos con soltura. Parecía que el encuentro iba a ser entretenido. Pero todo se nos vino abajo con el primer gol. Eso nos descompuso. El orden y la concentración nos habían durado más o menos quince minutos.

Desde ese gol todo fue distinto. Cada uno quería hacer la jugada que cambiase el encuentro y lo único que conseguíamos era empeorar la situación. Al final, el resultado reflejó lo que nosotros habíamos hecho: no jugar como lo habíamos hecho durante toda esa temporada. No jugamos ayudándonos entre nosotros. De todas formas, el Real Madrid era superior claramente. A lo mejor no por la diferencia que mostró el marcador, pero sí superior.

Tras el partido tuvimos que soportar, de nuevo, a quienes nos preguntaban sobre si nos habían ordenado dejarnos ganar. La gente no entendía que, si el partido hubiese estado arreglado, en ningún caso se hubiera acordado un resultado tan abultado.

El Real Madrid nos ganó porque fue el único equipo en toda la competición que nos RESPETÓ. Esa fue mi primera lección como jugador del primer equipo. Fue mi último partido con el Castilla. A partir de entonces formé parte del primer equipo y rápidamente comprendí lo que es el Real Madrid.

El mejor club de Europa en 1980

Por Enrique Ortego*

Antes de ser elegido por la FIFA en diciembre de 2000 como mejor club del siglo XX, el Real Madrid ya había recibido reconocimientos internacionales por su trayectoria. Uno de ellos, el primero de su historia, fue precisamente por su rendimiento en la temporada 1979-1980, segunda temporada de Luis de Carlos como presidente del club. La prestigiosa revista gala *France Football*, que concedía anualmente desde 1956 el Balón de Oro que reconocía al mejor jugador del año y la Bota de Oro, que identificaba al mejor goleador, acordó también, en 1968, instaurar un torneo anual que premiara al mejor club de la temporada y para ello contó con el patrocinio de la multinacional alemana Adidas.

Ese curso futbolístico el equipo blanco hizo doblete a nivel nacional: conquistó la Liga y la Copa del Rey y llegó hasta las seminales de la Copa de Europa, donde fue eliminado por el Hamburgo después de haber ganado el partido de ida en el Bernabéu con dos tantos de Santillana, pero sucumbir en la vuelta en la capital hanseática ante un vendaval futbolístico liderado por el inglés Kevin Keegan y materializado por el gigantesco Hrubesch (dos goles), el legendario lateral alemán Kaltz (otros dos tantos) y Memering (autor del último tanto).

Aquella fue la tercera Liga consecutiva del Real Madrid y para cantar el alirón los blancos tuvieron que esperar hasta la última jornada, en la que derrotaron al Athletic de Bilbao en el Bernabéu (3-1)

---

*   Periodista y contador de historias.

con tantos de Ángel, Juanito y Pirri, de penalti. Gran parte del campeonato fue un codo a codo con la Real Sociedad que, en la penúltima jornada, perdió en el Sánchez-Pizjuán sevillano su único partido del curso 2-1. Tropiezo que no desaprovechó el equipo de Boskov para depender de sí mismo en la última jornada y alzarse con el título.

Nunca un campeón había sumado 53 puntos. Los blancos fueron líderes en 18 de las 34 jornadas ligueras. Ganaron 22 partidos, empataron 9 y perdieron 3, con 70 goles a favor y 33 en contra. Santillana fue el máximo goleador del equipo con 23 tantos, a solo uno de Quini, pichichi de la competición. Con este título, el Real Madrid sumaba ya veinte Campeonatos de Liga. Varios jugadores madridistas, especialmente Juanito y Benito, se acordaron del Barça, que había quedado cuarto clasificado a 15 puntos, en sus dedicatorias. El centro de sus críticas fue el presidente José Luis Núñez, que a lo largo de la temporada había sido demasiado hostil con los blancos en sus comentarios.

En la Copa del Rey, el Real Madrid también hizo historia al conquistar su décimo cuarto título en la competición y, por primera vez en la historia, disputar la final contra su equipo filial, el Castilla. Un acontecimiento inédito el que se celebró en el estadio Santiago Bernabéu la tarde-noche del 4 de junio de 1980 y en la que los «mayores», muy motivados y hasta un poco picados por cómo la afición se ponía de parte de los «pequeños» por su ejemplar trayectoria a lo largo de la competición, se ensañaron con una goleada también sin precedentes: 6-1.

Juanito, Santillana, Sabido, Del Bosque, García Hernández y, de nuevo, Juanito fueron los autores de los tantos. Ricardo Álvarez, ya con el 4-0 en el marcador, marcó el del honor de un Castilla que se ganó el honor de disputar la Recopa la temporada siguiente. Para llegar a la final, el Real Madrid eliminó sucesivamente al Logroñés, Betis y Atlético de Madrid y el Castilla al Extremadura, al Alcorcón, al Racing de Santander, al Hércules, al Athletic, a la Real Sociedad y al Sporting de Gijón.

Este doblete doméstico y la semifinal en la Copa de Europa sirvieron para que el Real Madrid obtuviera el galardón de «mejor club del año» en una apretada votación en la que ganó por un solo punto al Nottingham Forest, campeón de Europa, quinto clasificador en la Liga inglesa y eliminado en la cuarta ronda de la FA Cup y al Hamburgo, su verdugo en la competición continental, que además de disputar la final de la Copa de Europa fue segundo en la Bundesliga y quedó eliminado en la primera ronda de la Copa alemana. Los blancos sumaron 18 puntos por 17 de sus inmediatos perseguidores. El Bayern de Múnich con 16 fue cuarto y el Liverpool, con 15, quinto.

Era la primera vez que un club español obtenía este reconocimiento que comenzó a otorgarse en 1968, cuando Benfica y Milán compartieron el primer puesto. El presidente Luis de Carlos, acompañado de Luis Molowny, secretario técnico del club, y del exgerente Antonio Calderón, recibieron el trofeo en París, en el mismo acto que el delantero internacional belga Erwin Vandenbergh recibió la Bota de Oro que le acreditaba con sus 39 goles como el mejor realizador de la temporada.

Con motivo de la entrega del premio, la Unión Sindical de Periodistas Franceses organizó en el parque de los Príncipes de París un amistoso duelo entre el Real Madrid y el Nantes, campeón francés en ejercicio y que además lideraba el Campeonato francés en ese momento. El partido concluyó con empate (1-1) y según cuentan las crónicas tuvo poco de amistoso, como demuestran las cinco tarjetas que tuvo que mostrar el colegiado holandés Corver.

El Real Madrid jugó de salida con el once prácticamente título: García Remón; Isidro, Benito, Stielike, Camacho; Ángel, Del Bosque, García Hernández; Juanito, Santillana y Cunningham. Rincón, Gallego, Sabido y Pérez García entraron en la segunda parte. Stielike marcó el tanto del empate madridista.

Historial de la Challenge europea

Año		
1968	●	Benfica y Milán
1969	●	Ajax
1970	⊗	Celtic
1971	*Ex æquo* ●	Ajax y ✠ Arsenal
1972	●	Ajax
1973	●	Ajax

1974	*Ex æquo* ⚫ Bayern Munich y ⚪ Feyenoord
1975	⚫ Borussia Mönchengladbach
1976	Liverpool
1977	Juventus
1978	Liverpool
1979	Nottingham Forest
1980	Real Madrid
1981	Ipswich Town
1982	Liverpool
1983	Aberdeen
1984	Liverpool
1985	Everton
1986	Real Madrid
1987	Ajax
1988	PSV Eindhoven
1989	Milan AC
1990	*Ex æquo* Juventus y Milan AC

Una época de paz y tranquilidad en el club

Por Carlos Santillana[*]

Cuando llegué al club en 1971 con diecinueve añitos, Luis de Carlos ya era directivo del Real Madrid. Para nosotros, tan jóvenes y viniendo como veníamos de provincias, en mi caso de Santander, todo lo que rodeaba al club era algo majestuoso, desconocido. Entonces, como era lo más normal por otra parte, la figura del presidente, de don Santiago, acaparaba mayor protagonismo, pero con el paso del tiempo ya fui conociendo a sus personas de confianza y don Luis estaba entre ellas.

Su mandato fue como la continuidad de don Santiago. Nos ofreció una etapa de paz y tranquilidad. Su simple presencia, alto, fuerte, con aspecto bonachón, te transmitía confianza. Su comportamiento siempre fue el de un señor, un caballero. Siempre tenía una buena palabra de ánimo, una sonrisa. Logró que la entidad viviera una sucesión tranquila en la presidencia.

Al menos, los jugadores no notamos un cambio radical en la forma de llevar el club en relación con los años anteriores, y eso es siempre de agradecer. Te permite dedicarte a lo tuyo, que es jugar, y no tienes que estar preocupado de otros asuntos que, sin duda, van surgiendo en el día a día, pero que se solucionaban donde se tenían que solucionar.

---

[*]   Exjugador del Real Madrid.

Los que llegamos como chavales fuimos creciendo, y cuando don Luis alcanzó la presidencia después de la muerte de Santiago Bernabéu tras el Mundial de Argentina 78, que tuve la suerte de jugar con la selección, ya éramos medio veteranos. Yo, por ejemplo, ya tenía veinticinco años. Como presidente, su comportamiento con nosotros, los jugadores y con el resto de los empleados del club y creo que también con la gente en general era el mismo que cuando era directivo o tesorero. Cariñoso, afectivo, cercano. No era el clásico presidente-empresario que quiere controlarlo todo como si el club fuera su empresa y se muestra distante con los demás. Todo lo contrario. Era humilde, sencillo. Al vestuario le irradiaba paz y tranquilidad y nos daba la impresión de que no se metía nada en los temas puramente deportivos, aunque, evidentemente, como presidente fuera el máximo responsable de todo.

Su época se puede considerar como buena desde el punto de vista deportivo. No era fácil llevar a cabo esa transición y ganamos dos Ligas, dos Copas y una Copa de la UEFA, la primera de las dos consecutivas que conquistamos. Aquel Real Madrid era un producto muy nacional. Todos éramos españoles menos Cunningham y Stielike. Luego llegó Metgod. Solo hace falta ver el once de la final de la Copa de Europa que jugamos en el parque de los Príncipes de París contra el Liverpool. Aquel fue un duro golpe para nosotros y, supongo, para él también. Desde la final de los yeyés, la sexta, el club no había llegado a otra final de la competición, que siempre fue la más importante para todos los que vestimos esa camiseta, porque las vicisitudes de las seis primeras se fueron traspasando de generación en generación.

Han pasado ya muchos años de aquella etapa, pero sí tengo un vago recuerdo de que al principio de la temporada 81-82 hubo una huelga general de jugadores y estuvimos dos semanas sin jugar. Esa situación especial tensó un poco la relación de la plantilla con la Junta Directiva. Había cierta tirantez, poco diálogo, o al menos es la sensación que me queda ahora. Parecía que la lucha por nuestros derechos fuera una crítica a la forma de llevar el club que tenía la Junta Directiva y era algo general del fútbol español, no solo del Real Madrid. Don Santiago siempre nos decía que el día que él se sintiera patrón y no presidente dejaría el club. No quería que el fútbol funcionara como una empresa con su dueño y sus trabajadores, pero obviamente los tiempos cambiaban.

Esa temporada, posiblemente por la situación que estoy recordando, jugamos la final de la Copa del Rey contra el Sporting de Gijón en Valladolid. Ganamos. No se jugó al finalizar la temporada, sino en el mes de abril, y muestra de ese distanciamiento que había entre el club y los jugadores es que cuando volvimos a Madrid al día siguiente no se celebró nada. Llegamos en el autobús al estadio, recogimos los coches y nos fuimos a casa. Por no estar, no estaban esperándonos ni los empleados, que normalmente siempre estaban con nosotros en esas circunstancias. Les gustaba darnos las gracias personalmente por ganar. Para ellos cada título que conseguíamos suponía una paga extra.

Otro recuerdo que mantengo de don Luis era cuando nos reunía el día de la presentación del equipo. Nos hacía hincapié en que teníamos que intentar ganar cuanto más mejor para llegar lo más lejos posible en todas las competiciones que disputáramos. Sobre todo en las que se jugaban por eliminatorias, como la Copa de Europa o la UEFA o nuestra propia Copa. El club necesitaba esos ingresos. No eran años boyantes, ni de muchas alegrías económicas. Casi no existían los derechos de televisión, ni el *marketing*, ni la publicidad... tal y como los entendemos ahora.

Nos insistía en que intentáramos ganar hasta los trofeos de verano que se jugaban antes de comenzar la temporada. Estamos hablando del Carranza, del Teresa Herrera, el Costa del Sol... Normalmente, al campeón siempre se le invitaba al año siguiente y el presidente nos recordaba su importancia para mejorar la situación económica. Y la verdad es que sus palabras calaban en el vestuario, porque jugábamos esos partidos como si fueran oficiales. Que el Real Madrid llegara al fin de la temporada con superávit parecía una obligación.

También nos jugábamos, además, nuestro dinero. No era fácil entonces negociar las renovaciones. Sabíamos cómo estaba la situación, sobre todo los que llevábamos muchos años, y tampoco podías ponerte «gallito» y presionar mucho. El club tenía la norma de no ampliar nunca los contratos por más de tres años. En ese sentido, no negociábamos directamente con don Luis. Para eso, en su época, estaba Luis Martínez-Laforgue.

Otro dato a tener en cuenta en su mandato fue la vuelta de Di Stéfano al club como entrenador. Para todos los jugadores significó algo especial por lo que representaba Alfredo para el club. Ninguno de nosotros había tenido la suerte de conocerle en su primera etapa y su llegada fue impactante. La lástima fue que pudimos ganar las cinco competiciones que disputamos y perdimos las cinco. La que más rabia me dio perder fue la Liga en Valencia. Fue un año duro para nosotros y cuando acababan esos partidos siempre teníamos el cachete y la palabra de ánimo del presidente.

El fútbol español e internacional (1978-1985)

Por Alberto Cosín*

LA ECONOMÍA CONSUMISTA LLEVA A LA CRISIS

La política económica en el fútbol español en los años 70 fue muy consumista. Tras abrirse de nuevo el mercado para extranjeros en 1973, se desembolsó mucho dinero en traspasos y fichas a futbolistas de categoría como Cruyff, Netzer, Ayala o Carnevali.

La crisis estalló cuando se compró a precio de oro a jugadores de menor nivel, a más «oriundos» o a futbolistas con escaso bagaje. A todo ello había que sumar, además, el poco trabajo realizado en cantera, salvo contadísimas excepciones.

Luis de Carlos, en el número 167 de la revista *Don Balón* en 1978, declaró: «Personalmente pienso que el fútbol no se muere, pero el coste de los jugadores es excesivo. Habría que reducirlo por todos los medios».

Un soplo de aire fresco le llegó a los clubes a comienzos de la década de los 80, con nuevas vías de ingreso procedentes de un mejor acuerdo en los derechos de los partidos y el programa resumen de los domingos, un porcentaje de la recaudación de la quiniela o la publicidad y el patrocinio en las camisetas.

---

*   Periodista.

En el apartado de los derechos televisivos el aumento no resultó tan importante ni significativo. Lo que llegaba por esa parte se veía reducido en la ganancia de la taquilla para las entidades deportivas y en términos totales resultó «lo comido por lo servido».

En el capítulo del porcentaje de las quinielas para los clubes, Luis de Carlos, con persistencia y visión, tuvo un papel protagonista en conseguir dicha retribución, en la implantación del patrocinio y el proveedor en los uniformes con empresas como Adidas y Zanussi, y también en obtener una reforma del estadio Santiago Bernabéu de cara al Mundial 82.

Desde 1973 en que se cambió la frontera para incorporar a futbolistas extranjeros, los equipos podían contar con dos foráneos por plantilla. Los clubes se reforzaron, pero si hubo una entidad que destacó en el dispendio fue el F. C. Barcelona. En 1982 rompió la banca pagando 1.200 millones de pesetas por Diego Armando Maradona; dos años antes también desembolsó 175 millones por Bernd Schuster y en 1979 abonó cerca de 105 millones por el danés Allan Simonsen.

EL DOMINIO DE LOS EQUIPOS VASCOS

El trienio blanco en la Liga entre 1978 y 1980 dio paso a cuatro temporadas en las que el título doméstico en el fútbol español no salió del País Vasco.

La Real Sociedad estrenó su palmarés liguero con dos entorchados consecutivos en 1981 y 1982. El técnico eibarrés Alberto Ormaetxea edificó un conjunto muy sólido, con una retaguardia impenetrable que lideraba el arquero vasco Arconada que ganó dos «Zamora». El primer título se produjo tras un agónico gol de Zamora en Gijón, que dejó con la miel en los labios al Real Madrid. Y el segundo al vencer en el derbi vasco al Athletic en la última jornada.

Precisamente los «leones» tomaron su testigo en el siguiente bienio: 1983 y 1984. La fórmula del equipo entrenado por Javier Clemente no fue muy distinta y basó sus éxitos en una gran fortaleza defensiva con jugadores criados en Lezama. Un periodo en el que se mitificó la media inglesa de ganar en casa y empatar fuera. El Real

Madrid se quedó a las puertas de superar a los bilbaínos en ambas temporadas y los rojiblancos culminaron su gran obra logrando un doblete con la Copa del Rey en 1984.

AFE: NACIMIENTO Y AUGE

La Asociación de Futbolistas Españoles (AFE) se constituyó un 23 de enero de 1978 con una Junta Directiva encabezada por Joaquín Sierra «Quino» y con los vicepresidentes Santiago Bartolomé Rial y Ángel María Villar.

Durante el siguiente lustro, los movimientos reivindicativos de la AFE fueron habituales hasta que lograron su recompensa con el Real Decreto 1.006/1985, de 26 de junio, que regulaba la relación laboral especial de los deportistas profesionales.

Una de sus grandes demandas fue derogar el derecho de retención, una práctica considerada «esclavista». Hasta 1979, los clubes pudieron prorrogar los contratos de los futbolistas españoles de forma indefinida con un simple incremento anual del 10 por ciento de su ficha. A partir de ese instante se firmó un acuerdo entre la AFE y los clubes, con una vigencia de dos años. La retención se limitó en el tiempo y se estableció en función de la edad. Si el jugador era canterano, se aplicaba a partir de los veintiséis años. Un nuevo contrato a partir de esa edad suponía tres campañas de retención; dos, entre los veintiséis y los treinta años, y a partir de los treinta, una sola. Todo terminó en 1984, con un fallo de la Magistratura de Trabajo número 13 de Madrid, que declaró extinguidos los acuerdos AFE-clubes de 1979 y el derecho de retención desapareció del fútbol español.

Tres convocatorias de huelga tuvieron éxito y la de 1982 fue desconvocada al día siguiente. En 1979, la jornada 23 se retrasó una semana. En septiembre de 1981, la huelga se prolongó durante dos jornadas. En la primera no se disputaron partidos y en la siguiente algunos equipos como el Real Madrid salieron con juveniles, entre ellos Míchel y Chendo. Mientras que en la última, en septiembre de 1984, se obtuvo de nuevo la alineación de jugadores jóvenes, pero en esta ocasión en todos los equipos de primera. Fue en la jornada 2 y se estrenaron en la categoría jugadores como Milla, Andrinua, Losada, Chano, Liaño o Rafa Paz.

LA SELECCIÓN ESPAÑOLA:
DEL FRACASO A LA GESTA

La selección española volvió a una fase final de una Eurocopa en 1980. Fue la última cita con Kubala como seleccionador y se pretendía que fuera un impulso de cara al Mundial 82. El equipo no pasó el grupo que compartió con belgas, italianos e ingleses, pero el gran fracaso tuvo lugar dos años después.

La participación de España en su Mundial resultó un fracaso. No salió nada ni en el césped ni fuera de él. Ni el apoyo del público ni alguna decisión arbitral a favor cambió el signo de la selección. Una sola victoria ante Yugoslavia y un seleccionador como Santamaría que decidió retirarse tras ser masacrado a críticas.

Las riendas del equipo nacional las cogió Miguel Muñoz, que junto a sus chicos logró una gesta inolvidable un 21 de diciembre de 1983 en el Benito Villamarín. Para acudir a la Eurocopa 84 España debía ganar por 11 goles para superar a Países Bajos y lo logró con un 12-1 contra un Malta histórico. La selección llegó lanzada a la competición continental y fue subcampeona tras caer únicamente contra Francia en la final.

ITALIA SE CORONA EN EL SANTIAGO BERNABÉU

El Mundial de España 82 tenía un favorito para periodistas, analistas y espectadores: Brasil. El *jogo bonito* enamoraba al mundo y la selección brasileña era una constelación de estrellas. Sin embargo, todo cambió el día de la mayor epopeya como jugador de Paolo Rossi. En un partido para la historia del fútbol en Sarriá, el delantero firmó un *hat-trick* y dejó triste a medio planeta. A partir de entonces, la *Azzurra* fue imparable y ni los polacos en semifinales ni los alemanes en la final fueron capaces de hacerles sombra. La imagen del presidente de la República italiana, Sandro Pertini, celebrando los goles en el palco del Santiago Bernabéu fue apoteósica.

A lo largo de aquel septenio también se disputaron las diferentes competiciones continentales en el resto del mundo. En Europa, en la Eurocopa de 1980, explotó un Schuster majestuoso que levantó el título con Alemania occidental. Cuatro años después, el equipo francés guiado por Platini ganó su primer trofeo internacional ante su gente en el parque de los Príncipes de París.

En la Copa América, los paraguayos en 1979 asombraron con un triunfo totalmente inesperado. En 1983, fue su vecino Uruguay el que volvió a reinar en Sudamérica con un estelar Francescoli y un decisivo «Pantera» Rodríguez bajo palos. En la Copa África, las triunfadoras entre 1980 y 1984 fueron las selecciones subsaharianas, con Nigeria, Ghana y una Camerún que seguía progresando. Mientras que en Centroamérica los hondureños conquistaron su única Copa Oro, en Asia se imponían selecciones del golfo Pérsico como Kuwait y Arabia Saudí y, en Oceanía, Australia tomaba el relevo de los neozelandeses.

LA HEGEMONÍA INGLESA EN LA COPA DE EUROPA

La primera década de la Copa de Europa fue de tiranía por parte de los equipos latinos, destacando el glorioso Real Madrid de los 50, el Benfica o el Inter de Milán de Helenio Herrera. Luego, hubo un par de chispazos del fútbol británico, Celtic y Manchester United, hasta que aparecieron dos cuadros dominantes: Ajax y el Bayern de Múnich. A finales de los 70 les tocó el turno a los ingleses, que monopolizaron la competición con siete triunfos en nueve años.

El Liverpool acumuló cuatro Copas. El gran ideólogo fue Bill Shankly, pero el que cosechó los tres primeros títulos fue Bob Paisley. La clave fue el *passing game*, con un estilo vertiginoso en Europa y ante el que hincaron la rodilla Gladbach, Brujas y Real Madrid. El cuarto entorchado llevó la firma de Joe Fagan, con una idea continuista y con jugadores muy técnicos y físicos.

Más tarde, comparecieron dos equipos sin demasiado pedigrí continental como el Nottingham Forest y el Aston Villa. *The Tricky Trees* hicieron historia con dos títulos consecutivos en 1979 y 1980 y un hito: poseer más Copas de Europa que Ligas de su país. El arquitecto fue el genial y fanfarrón Brian Clough. El técnico inglés construyó un equipo con mayúsculas, sin demasiadas figuras pero que trataba de ganar con estilo. Por su parte, el cuadro villano dio la sorpresa en 1982. A pesar de cambiar de entrenador a mitad de curso (Bartos por Saunders), fueron un equipo muy competitivo en el continente, que alternaba el clásico estilo muy inglés de balón largo con una construcción más pausada en la medular.

Solo dos equipos sobrevivieron al dominio inglés hasta 1985, el Hamburgo de Magath, Kaltz y Hrubesch y la Juventus de Platini, Boniek y Rossi el día de la tragedia de Heysel.

Como conclusión podemos afirmar que a Luis de Carlos le tocó vivir en sus años de presidencia una época agitada, con muchas reivindicaciones, medidas impopulares y peticiones de cambio en diferentes ámbitos del fútbol español. El mandatario, ante todas estas dificultades y conflictos, mantuvo al Real Madrid como un referente nacional y europeo. El club, a nivel institucional, conservó su enorme magnitud y el equipo en el terreno de juego prosiguió conquistando títulos importantes, mostrándose siempre muy competitivo.

La Séptima se escapó en París

Por Enrique Ortego[*]

Cuando te acostumbras al jamón de pata negra de denominación de origen, las demás patas ibéricas que te echas a la boca nunca tienen el mismo sabor. Exactamente es lo que le ocurría al Real Madrid con la Copa de Europa. Con «su» Copa de Europa. Después de ganar las cinco primeras ediciones consecutivas (1955-60) y la propina del 66 con los «yeyés», el paréntesis en blanco ya se estaba haciendo demasiado largo. No estaba acostumbrado ni el club ni el madridismo a una sequía tan prolongada. Pasaban los años y la «Orejona» comenzaba a convertirse en una entelequia y un obsesivo objetivo.

La realidad era que esa temporada, la 80-81, tampoco parecía predestinada al éxito europeo. La Copa de Europa cada vez estaba más cara. Los clubes ingleses habían recogido el relevo del gran Ájax de los tres títulos consecutivos (1971-73) y del no menor Bayern de Múnich, que también firmó un triplete inmediatamente después (1974-76). La hegemonía británica había comenzado en el 77 con el Liverpool, que conquistó dos títulos, y seguido del Nottingham Forest, que había repetido la jugada (1979 y 80).

Sin grandes expectativas ni exigencias por la situación económica del club, el equipo de Boskov comenzó su recorrido por la competición con las altas de García Cortés, que había estado cedido al Burgos, y de los canteranos, procedentes del Castilla, Gallego, Agustín y Pineda. Por el contrario, causaron baja: Pirri, que se retiró,

---

[*]   Periodista y contador de historias.

121

Roberto Martínez y Miguel Recio. Aquel equipo era conocido como el «Madrid de los García», por la presencia en su plantilla de varios jugadores con ese apellido: García Remón, García Cortés, García Navajas, García Hernández, Pérez García...

El primer rival, debutante en la competición, sonaba a «perita en dulce», como en aquella época se denominaba a los enemigos sin caché: doble victoria ante el Limerick, campeón de la República de Irlanda (1-2 y 5-1).

En octavos, tocó el Honvéd de Budapest, un histórico del fútbol continental, que ya no pasaba por sus mejores momentos. El Madrid volvió a ganar en los dos campos. En el Bernabéu con un solitario gol de Santillana, ratificado en la capital húngara con los tantos de Cunningham y García Hernández. Los cuartos de final trajeron como rival al campeón de la URSS, el Spartak de Moscú. Sorteo benévolo porque en el mes de marzo los equipos soviéticos estaban recién salidos de su parón invernal y ni el factor «campo helado» le sirvió como treta. Empate sin goles en la ida. La vuelta no resultó sencilla, pero dos goles de Isidro, que entró en el segundo tiempo, dieron la clasificación a los blancos, que ya estaban en semifinales, repitiendo el resultado de la temporada anterior en la que fue eliminado por el Hamburgo.

El campeón italiano, el siempre poderoso Inter, entraba en escena. El primer partido fue en el Bernabéu y los de Boskov lo sacaron adelante con tantos de Santillana y Juanito. Cero confianzas. El técnico yugoslavo insistió a sus jugadores en que San Siro iba a ser una «caldera». Así fue, pero el equipo respondió bien en el aspecto defensivo y solo recibió el gol de Bini, mediada la segunda parte.

La final era un hecho quince años después de la de Bruselas en 1966. Atrás quedaba el gafe de cuatro eliminaciones en semifinales. El rival, nada menos que el Liverpool. El camino de los «Reds» también fue autoritario. En la primera ronda, tras el empate (1-1) en la ida, endosaron en la vuelta un 10-1 al Oulun Palloseura, campeón finlandés. Doble victoria en octavos ante el amigo escocés, el Aberdeen (0-1 y 4-0). Anfield volvió a ser testigo de la tercera goleada consecutiva, 5-1 al CSKA de Sofía, con nuevo triunfo (0-1) en la capital búlgara. En semifinales, el Liverpool tuvo que esperar al partido de vuelta para clasificarse por el doble valor de los goles fuera de casa. El empate (0-0) en Anfield fue coronado con el 1-1 en el Olímpico de Múnich ante un Bayern.

Las casas de apuestas inglesas daban como favoritos a los suyos. Normal. El Liverpool había llegado invicto a la final y estaban recientes sus dos últimas Copas de Europa del 77 y del 78. Además, Paisley disponía de una plantilla potente en la que destacaban el portero Clemence, los defensas Neal, Thompson y Hansen; los centrocampistas McDermott y Souness y el delantero Dalglish, el escocés que había sustituido a Kevin Keegan cuando fue traspasado al Hamburgo.

Para quien esto cuenta era su primera final de la Copa de Europa fuera de España, después de haber presenciado en el Santiago Bernabéu el triunfo del Nottingham Forest contra el Hamburgo (1-0) el año anterior. El bautismo internacional. Trabajaba entonces en el diario *Ya* y era el corresponsal en Madrid de *La Gaceta del Norte* de Bilbao. El desplazamiento en coche fue una odisea. Viajé con Alfredo Relaño, entonces en *El País* o ya en la Cadena SER, no recuerdo bien, y con Miguel Ángel Martínez, diputado socialista y coordinador del grupo federal de deportes del PSOE y atlético de pro. Se nos rompió la «máquina» a la ida, ya cerca de la capital francesa y a la vuelta a noventa kilómetros de la frontera. Guardo las crónicas del momento como oro en paño, a pesar del color amarillento de los recortes.

París se vistió de rojo y blanco. Más aficionados ingleses, acostumbrados a desplazarse en masa cuando sus equipos llegaban a las finales. El escenario, el parque de los Príncipes, con el césped en mal estado por la lluvia caída los días anteriores, lo que en teoría debía de perjudicar más al Real Madrid, acostumbrado a rasear más su juego. Impresionante el dispositivo de seguridad montado por la Policía francesa, obsesionada con controlar lo más posible a los más de veinticinco mil aficionados del Liverpool.

La séptima del Real Madrid y la tercera del Liverpool estaban a noventa minutos de distancia y los dos equipos se tomaron sus precauciones. Demasiadas, quizá. Salió más lanzado el campeón inglés. En plan amenazador. Boskov había tomado sus precauciones con marcajes individuales por todo el campo. Mandó a Camacho al centro del campo a vigilar a Souness, el cerebro enemigo, mientras Ángel se encargaba de McDermott. Del Bosque casi era un lateral derecho para tapar a Ray Kennedy y Stielike se encargó de Sammy Lee, el pelirrojo que años después jugó en Osasuna. De la estrella, Dalglish, se preocupaba García Cortés, que le perseguía hasta cuando iba a sacar de banda.

La teoría de Boskov era clara: anular a los buenos del rival, para luego imponer la calidad de tus mejores jugadores. Así, del dominio inglés del principio se pasó a una fase en la que el Real Madrid controlaba el centro del campo, pero sin llegadas a puerta. Al comienzo de la segunda parte llegó la mejor ocasión blanca... en los pies de Camacho. Como su obligación era seguir a Souness le robó un balón en el medio del campo... y sin pensárselo dos veces lanzó una vaselina que a punto estuvo de sorprender al veterano Clemence. Con el tiempo, el defensa siempre comentó que debía haber avanzado más con el balón... porque estaba absolutamente solo. Tras esa gran ocasión, el Liverpool se volvió a hacer con el mando y atacó más. Preocupados de defender, los centrocampistas blancos apenas llevaron balones a Juanito, Santillana y Cunningham, que acabaron desesperados por su mínima participación en el partido.

La final se fue convirtiendo en una película de temor mutuo. El físico «Red» se fue imponiendo y cuando parecía que la prórroga era el mal menor, en un saque de banda y previo despiste defensivo español, Alan Kennedy, el lateral izquierdo, posiblemente el jugador más rústico del Liverpool, se encontró con la ocasión de superar a Agustín y no falló. A ocho minutos del final se acababa el sueño madridista. Quince años después de la sexta, no llegó la séptima.

Luis de Carlos, generoso y conocedor del esfuerzo y la desilusión de sus jugadores, nada más llegar al vestuario les comunicó que, a pesar de la derrota, tendrían una gratificación del club en forma de «prima». Se llevó una buena salva de aplausos, aunque tras la derrota los jugadores no estaban para mucho. Aunque no lo pudiera celebrar con victoria, esa final de París fue uno de los momentos cumbre de la presidencia de don Luis. Para el Real Madrid, una final de la Copa de Europa siempre será lo máximo.

Ficha del partido

Liverpool-Real Madrid. 1-0.
El gol. Minuto 82. Alan Kennedy, de tiro cruzado.

Liverpool: Clemence; Neal, Thompson, Hansen, Alan Kennedy; Lee, McDermott, Souness, Ray Kennedy; Dalglish y Johnson.

Real Madrid: Agustín; García Cortés, Sabido, García Navajas, Camacho; Ángel, Del Bosque, Stielike; Juanito, Santillana y Cunningham. En el minuto 85, Pineda sustituyó a García Cortés.

La final del Mundial 82 y la remodelación del Bernabéu

Por Inocencio Arias*

Nuestro país consiguió con justicia la celebración del Mundial de 1982. España, en 1982, tenía 38 millones de habitantes, de los cuales solo 203.400 eran extranjeros. Una notable diferencia con la actualidad cuando, contando con unos 47 millones, la población extranjera supera los cinco. Eran tiempos en que Calvo-Sotelo, presidente del partido gobernante de UCD, un político injustamente olvidado, se esforzaba en que su grupo no se desintegrara.

Calvo-Sotelo trató de serenar el país después del abortado golpe del 23 de febrero del año anterior. Su Gobierno no vaciló en recurrir ante el Supremo la sentencia dictada por la justicia militar contra sus perpetradores con objeto de que los tribunales civiles tuvieran la última palabra de acuerdo con la ley. Los golpistas fueron condenados y no indultados. El Gobierno trajo también el divorcio, una revolución por estar prohibido hasta la fecha, con una ley que había suscitado considerable expectación. Un Gobierno considerado de derechas que sacaba a flote una norma que chocaba con la doctrina de la Iglesia católica y cuya tramitación, iniciada por el ministro democristiano Íñigo Cavero, fue culminada por el socialdemócrata Fernández Ordóñez. Fue, por consiguiente, bastante apasionada. La ley no produjo la avalancha de rupturas matrimoniales que se esperaba.

---

*   Diplomático y exdirector general del Real Madrid.

En el campo exterior, el gobierno de la UCD se embarcó en otra cuestión igualmente importante y más debatida, la entrada en la OTAN, en la alianza defensiva de los países occidentales capitaneada por Estados Unidos. Con una opinión pública levantisca, el Partido Socialista con Felipe González a la cabeza, enarbolando hábilmente nuestro pacifismo y, en ocasiones, solapadamente, nuestro antiamericanismo, convenció a una considerable parte de la opinión pública de que integrarse en la alianza militar occidental tendría más inconvenientes (y riesgos) para España que ventajas. Debatido el tema en las Cortes y conseguida la mayoría parlamentaria —186 votos contra 146 en el Congreso y 106-60 en el Senado—, España entraría en la Organización Atlántica en las fechas que comenzaba el Mundial de Fútbol.

Leopoldo Calvo-Sotelo no vaciló en dar un paso que, indudablemente, le costó votos meses más tarde, cuando se celebraron las elecciones y su partido se despeñó. Una nueva diferencia paradójica con la actualidad: un Gobierno de izquierdas, más escorado que el de Felipe González, se mete hoy con entusiasmo en la cama con la OTAN. Esa organización, de antigua señora «derechona» belicosa y poco respetable, se ha transformado en una mujer, incluso para los socialistas, deseada y elogiable por su coherencia y sus virtudes políticas y de todo tipo, alguien vital para nuestro bienestar.

La prensa española, encabezada por *El País, La Vanguardia, As, ABC, Ya* y en semanarios políticos por *Interviú* y *Cambio 16*, tenía, a principios de los años 80, tiradas por habitante inferiores a las naciones de nuestro entorno, aunque de una cierta relevancia. Esto también ha cambiado. Nuestra prensa en papel se viene encogiendo de forma alarmante en una tendencia que parece inexorable.

A diferencia de lo anterior, el interés por el fútbol, sin embargo, ha variado menos. Es cierto que las cantidades que se pagaban por jugadores en 1982 resultan ridículas en nuestra época. Maradona vino ese año al Barcelona por la cifra, entonces disparatada, de 1.200 millones de pesetas, equivalentes a unos insignificantes 7 millones de euros, mientras que ahora cualquier figura que solo es prometedora, por ejemplo el chaval brasileño Endrick, fichado por el Real Madrid, cuesta 60 millones. Es decir, 10.000 millones de pesetas. Pero la pasión sigue siendo similar y las audiencias televisivas continúan batiendo récords.

Con sus hijos Alfonso, Pepe y Jaime y sus nueras Paloma
y Amparo. © Angel Millán. Archivo de la familia.

Con sus nietos. © Angel Millán. Archivo de la familia.

Celebración de su 78 cumpleaños. © Angel Millán. Archivo de la familia.

Con los cuatro bisnietos que conoció. Archivo de la familia.

Con José y un grupo de jóvenes viveirenses. Archivo de la familia.

En el palco con Santiago Bernabéu. Archivo de la familia.

El guardián de Santiago Bernabéu. © Real Madrid.

Con el Rey Juan Carlos. Archivo de la familia.

Audiencia del Rey Juan Carlos a la nueva Junta
Directiva del Real Madrid. © Real Madrid.

Plantilla de la temporada 1980-1981. Primera fila por arriba, de izquierda a derecha: Mariano García Remón, Gregorio Benito y Agustín Rodríguez. Segunda fila: Andrés Sabido, Juan Santisteban (2º entrenador), Vujadin Boskov (entrenador) y Antonio García Navajas. Tercera fila: Francisco Pineda, Isidoro San José, Francisco García Hernández, Vicente del Bosque, Luis de Carlos (presidente), Uli Stielike, Miguel Ángel Portugal, Ricardo Gallego y Rafael García Cortés. Sentados: Antonio Ruíz (preparador físico), Ángel Pérez García, José Antonio Camacho, Ángel de los Santos, Laurie Cunningham, Miguel Ángel González, Carlos Alonso Santillana, Juan Gómez Juanito, «Poli» Rincón, Isidro Díaz y Andrés Madrigal (masajista). © Real Madrid.

Homenaje a Pirri. © Real Madrid.

Con Santillana. © Real Madrid.

Con el trofeo Teresa Herrera. © Real Madrid.

Con Enrique Tierno Galván, alcalde de Madrid, en el Bernabéu. © Real Madrid.

Con Brabender en la celebración de la séptima Copa
de Europa de baloncesto. © Real Madrid.

En la peña madridista de León. © Real Madrid.

Su proverbial sonrisa. Archivo de la familia.

El estadio Bernabéu tras la remodelación para el Mundial 82. © Real Madrid.

Visita de Juan Pablo II al Bernabéu. Archivo de la familia.

Con Di Stéfano y Amancio. © Real Madrid.

Recibiendo al presidente Felipe González. Archivo de la familia.

Con Severiano Ballesteros tras su exhibición en el Bernabéu. Archivo de la familia.

Con el ministro José Luis Alvarez y Luis Martinez Laforgue. Archivo de la familia.

Visita a una bodega de Jerez. Archivo de la familia.

En el trofeo Colombino de Huelva. Archivo de la familia.

Con Gregorio Peces Barba, presidente del Congreso
de los Diputados. Archivo de la familia.

Pepe y Jaime de Carlos (centro y derecha) con su primo
Juan Ortiz. © Peña Presidente Luis de Carlos.

Acto de presentación de la peña madridista Presidente Luis de
Carlos con Eduardo Fernández de Blas, Amancio, Butragueño,
Emiliano y Luyk. © Peña Presidente Luis de Carlos.

Si nos centramos ahora en los Mundiales de fútbol, y consideramos el celebrado hace cuarenta años y el recientemente concluido de Catar, encontraremos otras similitudes: la audiencia televisiva es imparable; la FIFA sigue haciendo trapacerías —el mero hecho de llevarla a un país como Catar ya lo es— y la selección española no ha entusiasmado en ninguno de los dos. Vicente Verdú había avisado en los meses que precedían al de 1982 que la selección «discurre por una preparación anoréxica y desconcertada» y que «no era posible hacerse con un retrato de un once que invite al beso de *bolsillo* (¿de tornillo?) y al amor vehemente». En el campeonato reciente de Catar hemos visto con hastío una selección nacional de jugadores entonados y con clase, pero que aburría a las vacas con su juego empecinadamente horizontal y, por ende, estéril y que, visto lo visto, se despedía después de unos pobres resultados con la frase de su seleccionador asegurando que estaba encantado con que sus pupilos hubiesen desarrollado «a la perfección» las instrucciones que él había dado.

El Real Madrid, donde acababa la era Boskov, hizo adecuadamente los deberes de remodelación del estadio bajo la seria dirección del presidente De Carlos como correspondía al prestigio del club. El Santiago Bernabéu ya había albergado la final de la Copa de Europa del 57, la ganada por el Madrid a la Fiorentina por 2-0, y la de la Eurocopa de Naciones de 1964 entre España y la Unión Soviética, la del gol de Marcelino al ruso Yashin, el único portero de la historia en conseguir «el Balón de Oro».

El encuentro contó con la sorprendente presencia de un generalísimo Franco ufano viendo cómo se le aclamaba y cómo nuestra selección ganaba a los rusos, que durante años habían vetado la entrada de España en las Naciones Unidas. El Gobierno de Franco había dudado en acoger la celebración de la fase final ante la posibilidad de que aparecieran los soviéticos y hubiera que recibir y a lo mejor jugar con los detestados comunistas. Hubo cierta discusión en el Consejo de Ministros y al final el dictador abrazó la postura del ministro Solís, que sostenía con convicción que negarse a acoger la fase final del Campeonato, la jugase quien la jugase, sería un golpe funesto para la imagen de España.

Por otra parte, Luis de Carlos y su equipo querían dejar, y lo hicieron, un estadio digno de la final del campeonato del 82 y de otros encuentros del mismo. El estadio pasó a tener una capacidad de 90.000 espectadores, de los cuales 35.000 eran sentados y 55.000 de pie. La UEFA tardaría aún tiempo en obligar a que todas las localidades de los campos fueran de asiento. Un 40 por ciento de las localidades estarían cubiertas. El estadio contaba con sesenta y ocho puertas en la fachada y treinta y dos escaleras, con lo que podía ser desalojado en diez minutos, progreso que fue abundantemente comentado de forma elogiosa. Se le dotó de una sala *antidoping*, una enfermería para atención al público, una sala de prensa para cien personas, cabinas para la radio y la televisión, etc. Era una clara modernización para la época, aumentándose al mismo tiempo de forma espectacular los niveles de iluminación. Los dos enormes marcadores electrónicos en color fueron los primeros que se instalaron en el mundo en un recinto de fútbol. El costo de las obras ascendió a 530 millones de pesetas. Luis de Carlos, imagino que flanqueado por el directivo Luis Butragueño, consiguió un crédito en unas condiciones asumibles para la época. Un interés de un 11 por ciento que ahora sería angustioso (los tiempos cambian), amén de un plazo de amortización de once años con dos y medio de carencia. Ello significaba el abono de 86.160.000 pesetas cada año.

Un Real Decreto de 1978 había creado el Comité Organizador de la Copa del 82. Como presidente ejecutivo se nombró al competente gestor y muy conocido dirigente deportivo Raimundo Saporta. Don Raimundo aceptó complacido el bonito cargo prefiriéndolo, curiosamente, a la posible presidencia del Real Madrid, dado que rumores con serio fundamento apuntaban a que el caballeroso Luis de Carlos cedería gustoso los trastos de la inminente elección de la presidencia del club a un candidato de las credenciales de Saporta. A este debió de encandilar la gloria, efímera, de organizar el mayor acontecimiento deportivo de la historia de España y, presumiblemente, el hecho de que la presidencia de honor la ostentaría el rey don Juan Carlos.

Saporta escribiría elocuentemente en *El País* antes de iniciarse el Campeonato: «Cuando el 11 de julio finalice, entregaremos las cuentas y nos iremos a casa con satisfacción por haber hecho algo por España, por el deporte y la cultura». Saporta trabajó activamente y tuvo logros evidentes que no serían totalmente reconocidos: generar dinero para la vasta empresa fue quizá el más importante. El

Mundial se jugó en catorce ciudades con un total de diecisiete estadios: Alicante (Rico Pérez), Barcelona (Camp Nou y Sarriá), Bilbao (San Mamés), La Coruña (Riazor), Elche (Martínez Valero), Gijón (El Molinón), Madrid (Santiago Bernabéu y Vicente Calderón), Málaga (La Rosaleda), Oviedo (Carlos Tartiere), Sevilla (Sánchez-Pizjuán y Benito Villamarín), Valencia (Mestalla), Valladolid (José Zorrilla), Vigo (Balaídos) y Zaragoza (La Romareda).

Para remodelar todos estos estadios Saporta no pudo contar con emisiones de sellos o acuñación de monedas como en otros eventos deportivos relevantes mundiales; obtuvo de la banca oficial préstamos que los clubes o las ciudades devolverían en once años por un valor total de 5.100 millones de pesetas. Las ciudades españolas tenían hambre de fútbol y, huyendo de veleidades políticas, hubo hambre por ser sede. Aún avanzados los 70, Javier Marías escribiría atinadamente que «no había intelectual que se atreviera a confesar públicamente que le gustaba el fútbol». La izquierda comenzó a abandonar paulatinamente el eslogan de que el fútbol era un opio franquista. Como contó Julián García Candau, el alcalde ucedista de Oviedo tuvo problemas para cuadrar el presupuesto de remodelación de su estadio, mientras que el de Valladolid, militante del PSOE, se las ingenió para construir un estadio que sustituyese al anticuado Zorrilla.

Seguía circulando, no obstante, en bastantes mentideros la matraca de que el Real Madrid había sido el equipo del régimen franquista. Olvidaban que al franquismo le importó poco el fútbol hasta los años 50 y que se montó en el autobús del Real Madrid no por su ideología. Santiago Bernabéu no era, precisamente, franquista y su equipo no había ganado ni una Liga en los primeros trece años del franquismo. Lo que ocurrió es que, de pronto, en una época en que el Gobierno de España tenía cerradas las puertas de Europa, un equipo de nuestro país, el blanco de Bernabéu y Di Stéfano, ganaba cinco Copas continentales, algo casi irrepetible, y entreabría puertas parcialmente. El régimen se habría subido a la carroza de laureles del Valencia, Atlético o Barcelona —y estos habrían estado encantados—, si ellos hubieran ganado esos trofeos. Baste decir que el Barcelona concedió DOS veces su medalla de oro a Franco.

Saporta, en segundo lugar, logró un recargo de 0'50 céntimos en cada columna de las quinielas de fútbol. Con esto se recaudarían 2.270 millones. Las quinielas mantenían su popularidad en

España. En el año 1981 un acertante de 14 había obtenido doscientos ocho millones en la jornada octava de la Liga. Dos meses más tarde tres acertantes del pleno se embolsaron 59 millones cada uno. Una empresa multinacional, West Nelly, compró los derechos de comercialización de los símbolos del Mundial y los de publicidad estática de los estadios por 69 millones de francos suizos. El Comité calculó, por otra parte, que las entradas aportarían 51 millones de francos suizos. Estos ingresos, llamados deportivos, se repartirían reglamentariamente de este modo: 10 por ciento para la FIFA; 25 por ciento para la Federación española por ser la organizadora y 65 por ciento para las federaciones de las veinticuatro naciones participantes.

Finalmente, para los gastos estrictamente de organización se obtuvo otra fuente de ingresos de especial calado en un país «lotero» como el nuestro: Hacienda accedió a convertir en extraordinarios tres sorteos ordinarios de la Lotería nacional: uno en 1980; el segundo en 1981 y el tercero en 1982. En el segundo, a los organizadores les tocó el gordo institucionalmente porque el número con el primer premio no se vendió y los 640 millones de pesetas del mismo fueron a parar al fondo del Comité.

La organización del Mundial y, más aún, el lastimoso resultado de nuestra selección serían objeto de copiosas críticas. A diferencia de otros eventos realizados en nuestro país, la organización fue escasamente elogiada, con más de un extranjero tachándola de simplemente mediocre y con quejas sobre el calor en algunas de las ciudades escogidas, como Valencia o Sevilla, quejas un tanto disparatadas. Mundiespaña, no siempre con razón, fue a veces vapuleada en el extranjero. Se trataba de un ente integrado por cuatro agencias de viaje y cuatro cadenas hoteleras que comercializaba los paquetes turísticos que incluían las entradas, etc.

El consorcio pagó 166 millones de pesetas por la exclusividad. Los precios de los hoteles incluidos en el paquete y el recargo, excesivo según las protestas, de las agencias trajo un retraimiento de la demanda. Mundiespaña solo colocaría un 30 por cien de los paquetes previstos. Algo sorprendente dado el conocido prestigio turístico internacional de nuestro país, que en los años anteriores y en los siguientes al 82 continuaba batiendo récords de atracción de visitantes, emergiendo regularmente en el segundo o tercer mundial en recepción de turistas.

En el fallo de las expectativas de visitantes influyeron asimismo y de forma sensible causas ajenas: México, amante del turismo en España, no se clasificó y los hinchas argentinos, entusiastas y viajeros, se retrajeron por la guerra de las Malvinas que libraba su país. El cartel del acontecimiento fue una bonita obra de Joan Miró. La mascota, Naranjito, sufrió asimismo no pocas críticas.

La ceremonia del sorteo estuvo salpicada de fallos. Havelange, presidente de la FIFA, hizo un discursito tópico en el que manifestó que nuestro país había aceptado acoger el campeonato imbuido del espíritu de don Quijote. Brian Glanville, un influyente comentarista británico, sería más prosaico, escribiendo que el sorteo «reflejaba más bien el talante de Sancho Panza: uno de los biombos se atascó; una bola se rompió; el representante alemán riñó a uno de los niños que extraían las bolas...». El sorteo estuvo, por otra parte, orientado siguiendo las habituales trapacerías comerciales de la FIFA. Los grupos se formaban según criterios económicos y de prestigio trasnochado y no en función de su trayectoria deportiva reciente. Los aristócratas, los cabezas de serie, cambiaban poco de sede al principio y jugaban siempre los últimos en la fase inicial. Esto había otorgado una sospecha y decisiva ventaja a Argentina en el Campeonato previo de 1978. Los cinco países del entonces este de Europa irían todos a grupos distintos. El anfitrión, nosotros, disputaría los tres partidos iniciales en Valencia, etc.

Por primera vez serían 24 las selecciones participantes. Años antes, Havelange, buscando ser elegido y cortejando los votos de los africanos y asiáticos que se consideraban infrarrepresentados, había prometido que en el 82 se pasaría de 16 a 24 selecciones. Es decir: el país anfitrión; el campeón en ejercicio y 22 clasificados que se desglosaban geográficamente así: 14 europeos, 4 sudamericanos, 2 Concacaf (América del Norte y Central) —lo que para algunos quisquillosos favorece que Estados Unidos y México se clasifiquen para casi todos los Mundiales—, 2 africanos y 2 asiáticos.

El formato sería novedoso. Una liguilla de seis grupos de cuatro de los que pasarían dos. Seguiría otra liguilla de cuatro grupos de tres de la que emergerían cuatro vencedores. Habría entonces unas semifinales y una final. Entre los debutantes estaban Argelia, Camerún —se especulaba aún tímidamente que podía ser el año de la explosión de algún conjunto africano—, Honduras, Kuwait y Nueva Zelanda. Las ausencias más significativas fueron las de Holanda y Uruguay. Los países participantes fueron: Italia, Polonia, Perú, Camerún, República Federal de Alemania, la occidental (la comunista no se clasificó), Argelia, Chile, Austria, Argentina, Bélgica, Hungría, El Salvador, Inglaterra, Francia, Checoslovaquia, Kuwait, España, Honduras, Yugoslavia, Irlanda del Norte, Brasil, Unión Soviética, Escocia, Nueva Zelanda. Acaba aquí la nota.

La Copa del Mundo de España, la duodécima de la historia, sería el primer acontecimiento deportivo difundido por televisión a los cinco continentes. Según ciertas estimaciones, fiables para la época, fue visto en ciento cuarenta países por más de cien millones de espectadores. Unas cifras enanas si las comparamos con las de los recientes campeonatos, que se han visto en todos los países del globo y en los que solo la final ha atraído a más de mil millones de espectadores.

La ceremonia inaugural se celebró con brillantez en el Camp Nou del Barcelona. Hablaron el rey Juan Carlos y Havelange. El monarca fue ovacionado al entrar al palco. Los silbidos de mal gusto aún no estaban de moda en aquellas latitudes y estaba fresco el recuerdo de su trascendental papel al parar el golpe de Estado de un año antes.

El partido inaugural entre Argentina, vencedora del anterior mundial, y Bélgica, reflejaba el dicho gitano de los malos principios que se ha repetido en varios mundiales. Argentina perdió contra Bélgica —también lo hizo en el primero de Catar y España en el de Sudáfrica contra Suiza—. No es raro que el equipo que venza tenga un pobre arranque. Italia saldría a duras penas de la fase inicial después de haber conseguido un solo gol en los tres encuentros, empatando ramplonamente contra Polonia, Perú y Camerún. Este último estuvo a punto de liquidar a los latinos. Italia no brilló y Rossi, exultante luego, tampoco.

Argentina dio la sorpresa cayendo ante Bélgica. Maradona no destacó. Tuvo un estudiado marcaje de dos jugadores y Bélgica, practicando inteligentemente el fuera de juego, se llevó el gato al agua. Hubo quien alegó que los jugadores argentinos estaban muy afectados por la guerra de las Malvinas, que concluía esos días. El *New York Times* cubría su portada con el titular: «Gran Bretaña anuncia la rendición de Argentina al terminar las diez semanas de guerra». Los ingleses habían invadido las islas Malvinas, tierra que, como nosotros con Gibraltar, Argentina viene reivindicando desde que los ingleses, con su política colonialista, se apoderaron de ellas. La Junta Militar argentina no pensó que Londres se iba a molestar en montar una campaña a ocho mil kilómetros de distancia. Se olvidaron de la señora Thatcher, una política con redaños y genio. Lord Carrington, ministro suyo, al suscitarse la posibilidad de que un autobús atropellase a Thatcher, replicó: «El autobús no se atrevería». Doña Margaret envió su flota y el americano Reagan, después de un intento de mediación, le proporcionó información muy valiosa sobre los movimientos de los buques de guerra argentinos. Londres recuperó las islas con alguna pérdida de buques. La primer ministro barrió en las siguientes elecciones británicas; los militares argentinos cayeron en su país.

España, después de una leve vacilación, apoyó a Argentina en el fondo del asunto y se dio la circunstancia de que, en el debut de nuestro país en una cumbre de la OTAN, que se celebraba en las fechas del Mundial, España hizo saber que vetaría cualquier acuerdo de condena a Argentina en el comunicado final. El tema no se trató por eso.

La sorpresa se repitió en otro grupo del Mundial; también el tongo. Argelia, debutante, venció sorpresivamente a Alemania con buen juego y un gol del fino Madjer. Los germanos no habían perdido un encuentro en cuatro años y los mediterráneos contaban con un conjunto que llevaba años jugando juntos, al no permitir su legislación que un jugador militara en un equipo extranjero hasta cumplidos los veintiocho años. Derwall, seleccionador germano, había manifestado: «Si no ganamos a Argelia, volveremos a casa en el primer tren».

No ganaron y se quedaron para preparar la mayor marrullería del Campeonato. Argelia perdería con Austria en Oviedo (2-0), pero después venció a Chile (3-2). Esto permitía a Austria y Alemania pactar «no hacerse daño» días más tarde. Los austriacos necesitaban no perder por más de un gol para pasar a la siguiente ronda y así se cocinó el partido de la vergüenza. Los germanos anotaron al principio y los dos equipos se convirtieron en besucones sobre el césped. Los periodistas alemanes y austriacos estaban abochornados y el matutino vienés *Kultur* sacó una página en blanco con la leyenda: «A nuestros enviados les da vergüenza comentar este encuentro». El debut de Italia y Alemania despertó, por lo tanto, la irritación de los comentaristas y de no pocos seguidores en sus respectivos países. Luego, así la fortuna es de caprichosa, serían finalistas.

Los aficionados españoles, muy volcados con nuestro equipo, sufrieron una decepción en nuestros encuentros iniciales en Valencia contra Honduras, Yugoslavia e Irlanda del Norte. El balance fue pobrísimo. Empate con la modesta Honduras (1-1). Victoria mínima con clara ayuda del colegiado frente a los balcánicos. Fue el partido en el que, habiendo fallado López Ufarte un penalti, el árbitro lo hizo repetir. Juanito lo ejecutó y logró el tanto de la victoria. En el tercer partido se vivió una dolorosa derrota con Irlanda del Norte (1-0). El periódico local titulaba: «Fracaso». «El público indignado». «¡Nerviosos ante Honduras!», y destacaba que «avionetas antipaíses *catalans*» sobrevolaron el estadio y un Grupo de Dones repartía octavillas con la frase: «El reino de Valencia avasallado por el imperialismo catalán. ¿Y España qué hace?».

El batacazo ante Irlanda colmó el vaso. El diario *Las Provincias* era sarcástico: «España lo bordó —el ridículo, claro—. Fue tan exasperante nuestra incapacidad que hasta el magnífico público valenciano se enfadó». Los dos eliminados de nuestro grupo bramaban. En Yugoslavia se escribía: «Robo vergonzoso en Valencia» y en la *Tribuna* de Honduras, J. Goldstein decía que «Honduras, el mejor equipo del grupo, iba ganando al equipo anfitrión cuando el árbitro decretó un penal que nadie en el estadio vio, solo el juez». La alineación española frente a Honduras fue: Arconada; Camacho, Alesanco, Tendillo, Gordillo; Joaquín (Sánchez), Alonso, Zamora; Juanito (Saura), Satrústegui y López Ufarte. El seleccionador era José Santamaría.

En la segunda ronda, los encuentros del grupo C, con Italia, Argentina y Brasil, eran con diferencia los más esperados. Los italianos, entrenados por Bearzot, despacharon a Argentina con dos goles en excelentes contraataques. Los sudamericanos lograron el suyo cuando Passarella sacó un golpe franco mientras se formaba la barrera.

La pugna Argentina-Brasil cobró así un redoblado interés. Fue uno de los mejores encuentros. Vargas Llosa, pronosticando que sería una anticipada final del Campeonato, escribiría que «había sido magnífico, se había visto un fútbol con pundonor, sin triquiñuelas,

con un haz de jugadas brillantísimas para recordar». Se embele-
saba con «la complicidad saltarina, la coquetería rítmica, el enten-
dimiento mágico» de los brasileños. En el encuentro comenzó
haciendo un tanto Zico, magnífico jugador que intervendría en los
otros de Serginho y Junior. Ramón Díaz logró el del honor argentino. Fue un *match* brillante que se ensombreció al final. Passarella,
muy amonestado, lesionó a Zico y Maradona fue expulsado en el
minuto 87. Argentina caía en la ronda y salía del Mundial con un
balance raquítico para un campeón: cinco encuentros y tres derrotas. Kempes no marcaría.

Flotaba el convencimiento de que Brasil se comería a Italia. No
fue así. Los italianos salieron respondones (3-2). Pudo haber sido
la final del Campeonato. Fue el día, 5 de julio, de la aparición en
carne mortal de Paolo Rossi, que hizo los tres goles a los favoritos.
Rossi había sido suspendido no mucho antes por corrupción relacionada con el fútbol. Sería posteriormente perdonado y repescado. Fue
la estrella italiana y máximo goleador del Mundial. Los brasileños,
erróneamente, no lo marcaron y en el partido resultó evidente que
los brasileños tenían un fabuloso centro del campo, pero una defensa
y una vanguardia mejorables.

Abrió la cuenta Rossi con un elegante cabezazo; empató Sócrates,
tras un maravilloso pase de Zico. Siguió una estúpida cesión atrás de
Cerezo que robó Rossi y no perdonó. Empató Falcao tras el descanso
y Rossi, a la salida de un córner, crucificó a los favoritos. El can-
cerbero italiano, Zoff, atacado por su prensa, hizo excelentes para-
das. Brasil, el más brillante junto con Francia hasta la fecha, hacía
las maletas. Enorme decepción y la conmoción habitual en su país.
Falcao comentó que pensaba dejar el fútbol.

Zico diría años más tarde, sin demasiada hipérbole, algo enjun-
dioso sobre el bello encuentro Italia-Brasil. «Aquel partido tendría
un impacto negativo en la historia del fútbol. Al perderlo el equipo
que probablemente realizaba el juego más bello del Campeonato, al
resultar que un conjunto mucho más defensivo podía alzarse con
la victoria, se comenzó a practicar un estilo reservón, una filosofía basada en molestar al rival, en la que lo único que importaba era
ganar». Un aficionado italiano podría argumentar que el lamento de
Zico le recordaba a la fábula de la zorra y las uvas; bastantes analistas, sin embargo, coincidían con él.

En España había asimismo lamentos; Brasil, que encantó al público, era, como de costumbre, nuestro favorito. El arrobo de nuestra afición con los brasileños se aguaría quizá en el Mundial de Brasil de 2014 por la miserable actitud del público brasileño con nuestra selección. Parecía que nos veían como usurpadores y no nos perdonaban que fuéramos la campeona en ejercicio. Para mí fue imperdonable.

Volviendo al 82, en los otros grupos, Francia se clasificó con facilidad y Polonia hizo lo propio después de que el inconmensurable Boniek, apoyado por el excelente Lato, le hiciera tres goles a Bélgica y su equipo empatara con la URSS.

Mejoró algo nuestro juego en la segunda fase, en la que nos enfrentábamos a Alemania e Inglaterra, aunque el equipo seguía desangelado. Nuestros rivales comenzaron empatando a cero en un encuentro en Barcelona. Daba la impresión de que ambos calculaban que podrían derrotar después a España con más goles que el otro y avanzar por número de tantos anotados. Ese resultado nos imponía no perder con los alemanes porque solo se clasificaba uno de los tres.

Perdimos 2-1. En los tantos alemanes desempeñó un papel decisivo el extremo Littbarski, aprovechando en uno de ellos que Arconada no atrapaba bien el balón. Nuestro gol lo conseguiría Zamora. El once aquella tarde fue el formado por: Arconada; Urquiaga, Alesanco, Tendillo, Camacho; Alonso, Zamora, Gordillo; Juanito (López Ufarte), Santillana y Quini (Sánchez). En la selección española figuraban seis jugadores de la Real Sociedad y tres del Real Madrid. La Real había sido una justa ganadora de la Liga de ese año, el Barcelona fue segundo y el Madrid, tercero. Quini fue holgadamente el máximo goleador seguido de «Pichi» Alonso, Diarte, Uralde...

Candau narraba que España «ofreció toda una variada gama de desajustes» y Alfredo di Stéfano, más clemente, sentenciaba que tuvimos mucho pundonor y entusiasmo, pero que había que rendirse ante los alemanes. La prensa extranjera, hecho notable, era más comprensiva con nosotros. L'Equipe comentaba que España se entregó y realizó un partido serio.

Empatamos con Inglaterra (0-0) también en el Bernabéu en una pelea ya irrelevante para nosotros, mientras los alemanes pasaron tres días rezando para que España no fuera derrotada por más de un gol. Los ingleses recayeron en su esquema pobretón de balones largos sin control y nosotros estuvimos desacertados, romos, a pesar de jugar con dos delanteros centros: Quini y Santillana. Nos habían apeado, lo que significaba hacer un papelón. De los once Mundiales anteriores, cinco habían sido ganados por el país anfitrión: Uruguay 1930; Italia 1934; Inglaterra 1966; Alemania 1974 y Argentina 1978. En dos había sido finalista: Brasil 1950 y Suecia 1958. Y en otra había sido tercero: Chile en 1962... *Cambio 16* sentenciaría: «El Mundial de la decepción».

El balance del novelista Delibes sobre nuestra actuación era quejumbroso. «El garbanzo negro en esta ocasión fue España. Nunca vimos a nuestra selección tan indefensa, y clorótica, tan horra de imaginación, tan agarrotada... En rigor nuestra selección no pasó a la segunda fase; la pasaron». El autor de *El camino* apuntaba que Chelato Uclés, seleccionador hondureño, había acertado con el término exacto al afirmar que «el seleccionador español saltaba al campo apuradito. Lo que equivalía a decir apremiado, nervioso, encogido, medroso».

Esto dejaba unas semifinales Francia-Alemania e Italia-Polonia. Algo inédito, exclusividad europea en las semifinales. La celebrada entre Francia y Alemania es de las más comentadas de los Mundiales de esas décadas. En Francia no ha sido olvidada. Para el avezado Thierry Roland es el partido de su vida. «Un encuentro en el que hubo de todo. Suspense, una dramaturgia excepcional en un marco grandioso, el del Sánchez-Pizjuán». El emocionante partido tuvo un momento espantoso protagonizado por el portero alemán Schumacher, que agredió de forma alevosa al francés Battiston cuando este recibía un pase. El galo recibió un golpe en la cara y perdería prácticamente el sentido: mandíbula fracturada y dos dientes rotos. Fue llevado al hospital mientras que el colegido holandés no lo sancionaba, aunque el sentir unánime es que debía haber enviado a la caseta al alemán, que comentaría miserablemente: «Si quiere le pago el dentista». El incidente llevaría a muchos espectadores a desear la derrota germana en la final contra Italia.

El encuentro, el más hermoso y emocionante según Di Stéfano y otros comentaristas, concluyó 1-1. En la prórroga, Francia anotaría pronto dos goles. Alemania, que no se da fácilmente por vencida, igualó haciendo dos tantos en los últimos ocho minutos. En el 90 un tiro francés golpearía el travesaño. Por primera vez en la historia mundialista se fue a la horrible tómbola de los penaltis. Stielike falla el suyo y llora desconsolado. Schumacher ataja entonces el disparo de Didier Six. Nuevo suspense. Se llega al 4-4. El portero alemán detiene el de Bossis. Los hados acarician el pie de Hrubesch, el que había llamado cobarde a su seleccionador por sentarlo en el banquillo sin hablar con él. No falla. Alemania 5-Francia 4.

El encuentro había sido soberbio y vibrante. Ambos conjuntos jugaron un 4-4-2 y Di Stéfano apuntaría que Francia no merecía perder. La entrada tardía de Rummeniggge y del gigantón Hrubesch permitió la remontada. Platini comentaría: «Ha sido el mejor partido de mi carrera, el del juego más bonito, las emociones más intensas, el del suspense y la indecisión».

En la otra semifinal disputada en Barcelona, Italia no tuvo dificultades con Polonia, que no pudo alinear a Boniek. En una melé a la salida de un córner, Rossi, ya ungido por la Gracia, hizo un gol casi con el tacón. En la reanudación, viniendo de no se sabe dónde, conectó un soberbio cabezazo a un centro impecable de Conti.

A las puertas de la final resultó evidente que bastantes de los cincuenta y un encuentros celebrados habían tenido una magra asistencia. El cómputo al terminar el Campeonato resultaría algo decepcionante: 40.751 espectadores por partido, cifra un tanto pobre para un país tan futbolero. Hubo 145 goles. Las causas eran diversas; alguno mencionaba el precio de los billetes, aunque para otros no resultaba determinante. En la primera fase la entrada más cara costaba 900 pesetas y la más barata, de pie sin numerar, 300. En la segunda fase pasaban a 2.500 y 600 respectivamente. La final ascendía a 3.800 y 800. Para dar un punto de referencia aclaremos que el periódico *ABC* valía 35 pesetas, un litro de gasolina 51,7, la barra de pan 30 y un café 40. El sueldo medio español era de 100.000 pesetas y el salario mínimo fijado en el BOE, 28.440.

La gran final fue en el Bernabéu, lo que tenía su lógica. Capital del país, centro geográfico equidistante de las otras sedes, patria de la Movida, dos grandes estadios... La Movida estaba de moda y contaba con humor el periodista catalán Carandell que la aureola de la Movida trascendió y el *president* Pujol estaba tan preocupado que invitó a un puñado de periodistas corresponsales en Madrid para que le dijeran si eso de la Movida no era un farol propagandístico «porque, a su manera de ver, Barcelona superaba a Madrid en cuanto a creatividad, imaginación y jolgorio». Nuestro anfitrión, añadía Carandell, no podía sufrir «que Madrid le pasara a Barcelona, como dicen allí, la mano por la cara».

La anécdota es significativa. Era lógico que el *president* deseara que su capital tuviera una imagen inquieta, alegre e innovadora como la de Madrid o mejor, un deseo comprensible del todo, pero resulta raro no que un catalán poco viajado, uno de los que, además, poseen un ribete supremacista y creen que la provinciana Madrid es una estepa cateta lo encuentre fantasioso, poco creíble, sino que el hecho le resultara casi inconcebible a una persona culta, instruida, políglota, placeada como Jordi Pujol.

El día de la final, 11 de julio, llegarían a la capital de España unos 135 vuelos chárteres. Sin embargo, los comerciantes se quejaban de que el Mundial había sido un golpe considerable. Las quejas de los comerciantes hay que tomarlas con la misma prudencia, como sabemos los de los pueblos agrícolas, que el pesimismo preventivo de los campesinos. «Ha faltado una llovida para la cebada». «La almendra se va a helar totalmente». «A cuatro ovejas les dio un aire…». Luego, la cosecha, siendo mediocre, floja, no resulta catastrófica. Es cierto, no obstante, que el Mundial no resultó el maná del cielo que muchos esperaban. Bastantes restaurantes, por ejemplo, declaraban una disminución del 85 por ciento de los ingresos en las horas coincidentes con cualquier partido interesante. El periódico *El País*, por su parte, publicaba que el Campeonato solo había atraído a 150.000.

En la final, que vi en la lateral baja en el lado de la Castellana, el público estaba claramente con Italia. No solo era por la marranería de Schumacher, también por las declaraciones de algunos alemanes y porque asistían más italianos que teutones. Hubo algo de afinidad latina, acrecentada por la presencia del presidente italiano Sandro Pertini. Este venerable político, que había luchado contra Mussolini, hacía muy buenas migas con el rey Juan Carlos. Nuestro monarca congeniaba con muchos dirigentes extranjeros y había tenido palabras muy cariñosas hacia la democracia española y, con pocos pelos en la lengua, frases de censura a los países —el villano era Francia— que nos ponían zancadillas para dilatar nuestra entrada en el Mercado Común.

España aún no era miembro. El gobierno de Calvo-Sotelo había cerrado unos diez capítulos de la negociación con Europa. Faltaban unos seis de los importantes y los franceses, especialmente en la época de Giscard, ponían pegas egoístas para defender sus intereses agrícolas y de otro tipo. En vísperas del Mundial acompañé a Francia al ministro de Exteriores, Pérez-Llorca, que se había batido el cobre en el tema de la OTAN y bregaba con los franceses en el del Mercado Común, mientras nuestra prensa se hacía eco de las reticencias francesas.

El diario *Ya* indicaba que los productos españoles entrarían en Francia sin dificultad a partir de una determinada fecha —se habían producido en territorio galo varios incendios de camiones españoles— y el *ABC* mencionaba otro agravio: «Francia mantiene reparos a la colaboración terrorista». En efecto, entre otras cosas, París seguía negándose a conceder extradiciones de los terroristas vascos. Gente con abundante sangre en las manos se acogía a sagrado en territorio francés y santas pascuas. Con una empanada mental considerable, el ampuloso primer ministro francés Mauroy declaraba ante un grupo de periodistas españoles, a los que yo pastoreaba en el viaje a París, que colaborar con España era pertinente, pero que entregar a personas en la frontera como en la época de Franco y Pétain no. Y casi vociferó: «¡*Jamais, jamais*!» («¡Nunca, nunca!»).

Fue de esas ocasiones en las que me hubiese encantado transformarme en periodista, despojándome del atuendo mental diplomático, y decirle: «Pero señor primer ministro, ¡no sea usted mamón! No se ha dado cuenta de que, después de varias elecciones, España es una democracia, un Estado de derecho como Francia, que no estamos en los tiempos de Franco y de Pétain, que en una democracia un atentado mortal es un asesinato y que entre Estados democráticos se conceden extradiciones sobre todo de asesinos...». No me extraña que el español Martín Villa comentara que si había libertad de circulación cuando entráramos en el Mercado Común, había que dejarle a España al menos la posibilidad de declarar persona *non grata* al presidente Giscard y no permitirle la entrada en nuestro país.

A la final acudió también el canciller alemán Schmidt que, más cercano a lo de Pertini y en llamativo contraste con la actitud de nuestros vecinos del norte, se pronunció claramente por que España entrara en Europa en 1984. A medio plazo sería Kohl, sucesor de

Schmidt, el que daría un puñetazo en la mesa, en la época del activo F. González, exigiendo que lo de España y Portugal se acelerase. La ironía de la política es que, en ese momento, sin embargo, Pertini, una figura mucho más decorativa en Europa que luego el potente Kohl, se llevaba de calle los aplausos.

Vimos a Pertini, calurosamente ovacionado cuando se sentó al lado del rey, levantarse como un niño en el palco cada vez que sus compatriotas marcaban. El primer periodo, algo soporífero, comenzó mal para los *azzurri*, con los dos equipos preocupados con destruir el juego del rival. Cabrini marró un penalti un tanto infantil cometido por Briegel. El panorama cambió en la reanudación. Italia resucitó, se convirtió en el conjunto fulgurante que había enterrado a los favoritos.

En una falta cometida paradójicamente por el delantero Rummenigge, Tardelli saca raudamente hacia Gentile escorado a la derecha. Su centro rebasa a Cabrini y a Altobelli, pero no al ya héroe italiano, Rossi, que fisgoneaba en el borde del área para adelantarse veloz en el momento oportuno y marcar con un testarazo. Delirio del presidente italiano, que abraza al rey, y del público.

La sentencia llega en el minuto 69: Scirea escapa de nuevo por la derecha, combina con Rossi y la bola llega a Tardelli. Parece que va a perderla, pero remata de forma acrobática y consigue un gol que daba el título casi inapelablemente a Italia. Con los alemanes lanzados al ataque, Conti, revelación del Mundial, recorre medio campo y la envía a Altobelli, que había salido al lesionarse Graziani. Con parsimonia, bate sin problemas a Schumacher. Pertini, en su euforia, hace reír al palco y a los que alcanzábamos a verle. El madridista Breitner hace el de la honra germana.

El rey entregó la copa a Zoff, que tenía cuarenta años, cuatro meses y trece días. Los alemanes estaban quizá cansados por la prolongada semifinal y quizá con rencillas internas. Stielike había comentado que Rummenigge, semilesionado, no debió jugar y el delantero, despechado, respondía que nadie había objetado cuando salió en la prórroga para levantar al equipo en el épico encuentro con Francia. La alineación de la selección italiana campeona: Zoff, Bergomi, Collovati, Scirea, Bergomi; Gentile, Oriali, Tardelli; Conti, Graziani (Altobelli) (Causio) y Rossi. El seleccionador: Enzo Bearzot.

Italia acabaría siendo una justa vencedora, aunque no faltaron los comentaristas que soñaban con haber vivido una final entre Brasil y Francia. Los italianos, con un comienzo cicatero, acabaron imponiéndose en los tres partidos decisivos. Pulverizaron los pronósticos. Las apuestas, incluso iniciado el torneo, les concedían escasas posibilidades. Bearzot podía cachondearse de la prensa que lo había machacado, del mago Helenio Herrera, que había comentado despectivamente que solo había sido capaz de entrenar a un equipo de tercera división, y de alguno de sus directivos, que querían «apuñalarle por la espalda».

Sus compatriotas entraron lógicamente en trance. Unos cuarenta millones de ese país vieron en la tele la final del Bernabéu. Los italianos, que nos habían «robado» a Colón y hasta el aceite de oliva, nos descubrían y nos amaban. A partir de ahí empezaron a llegarnos miles de turistas de ese país. Otro efecto del fútbol. Ese año morían Grace Kelly, Ingrid Bergman y Romy Schneider. García Márquez ganaba «archimerecidamente» el Nobel de literatura y, *last but not least* (por último, pero no menos importante), Luis de Carlos, habiendo obtenido con muy amplia mayoría la reelección a la presidencia del Madrid, nos dio una alegría trayendo a san Alfredo di Stéfano como entrenador. Atinada decisión. Dios bendiga a don Luis y a don Alfredo.

La visita del Papa Juan Pablo II a España

Por Pedro Antonio Martín Marín[*]

Entre los muchos privilegios que me ha ofrecido la vida, uno de los que mejor recuerdo conservo es el de haber colaborado en la organización de la visita de Juan Pablo II a España en el otoño de 1982. Fue el presidente Leopoldo Calvo-Sotelo, de cuyo gabinete formaba parte, quien me pidió expresamente que coordinara la visita desde la presidencia del Gobierno y colaborara en su organización con la Conferencia Episcopal y la Dirección General de Justicia. El viaje había sido aplazado anteriormente con ocasión del triste atentado sufrido por el papa en 1981 y luego retrasado de fechas para no coincidir con la campaña de las elecciones generales, que debían celebrarse el 28 de octubre de 1982.

Este primer viaje de Juan Pablo II a España fue el más largo de los cinco realizados a nuestro país: se extendió durante diez días. Visitó Ávila, la ciudad de santa Teresa, y Alba de Tormes. También estuvo en Guadalupe, Toledo y Segovia. Beatificó a sor Ángela de la Cruz, fundadora de las Hermanitas de los Pobres en Sevilla. Siguió en Loyola, Zaragoza, Barcelona, Valencia y Santiago de Compostela, donde concluyó.

Previamente a la visita, recorrimos en helicóptero don Bernardo Herráez y yo mismo todos los lugares a los que iría Su Santidad. Recuerdo la gran dificultad, por la niebla, en el aterrizaje en Loyola.

---

[*]   Miembro de la junta directiva del Real Madrid (1982-1986) y presidente del Consejo Superior de Deportes (1996-1998).

Fueron días inolvidables, con actos previamente acordados con el Vaticano que permitieron a Su Santidad visitar dieciocho ciudades españolas, ofrecer más de cincuenta discursos, y estar en contacto con los ciudadanos españoles, ávidos de sentir la cercanía humana de uno de los papas más relevantes de la historia y el primero que pisaba suelo español.

Y hubo dos actos que creo nadie habrá olvidado, en los que personalmente estuve implicado, y que fueron el multitudinario encuentro con los jóvenes en el estadio Bernabéu y la misa oficiada por el papa en la plaza de Lima, en pleno paseo de la Castellana, frente al propio estadio Santiago Bernabéu.

Para el primero de ellos mantuve varias reuniones de trabajo con la directiva del Real Madrid y muy en concreto con su presidente Luis de Carlos, en el que ya pude apreciar su categoría humana, su caballerosidad y señorío. De la emotividad del encuentro con la juventud son testimonio las propias palabras del papa, que reconoció que había sido un acto que no iba a olvidar. Tuvo lugar el 3 de noviembre de 1982 en el estadio Santiago Bernabéu y he rescatado para esta evocación las primeras palabras que pronunció Su Santidad: «Es este uno de los encuentros que más esperaba en mi visita a España. Y que me permite tener un contacto directo con la juventud española, en el marco del estadio Santiago Bernabéu, testigo de tantos acontecimientos deportivos».

Llegaron jóvenes de toda España, y recuerdo que, desde las primeras horas de la mañana, los alrededores del estadio eran «un hormiguero», y que a las cinco de la tarde se cerraron las puertas del estadio, porque ya estaba lleno. El papa Juan Pablo II se dirigió a más de cien mil jóvenes que consiguieron entrar, mientras otros cien mil se quedaron fuera, siguiendo el acto a través de pantallas gigantes. En sus palabras, el hoy santo Juan Pablo II alertó a los jóvenes que llenaban el estadio Santiago Bernabéu del vacío del sexo, las drogas y el pasotismo, provocando un enorme clamor.

Recuerdo que los jóvenes cantaban el pasodoble «¡Que viva España!» de Manolo Escobar, adaptado a las circunstancias con la frase: «La gente canta con ardor: el papa es el mejor». Pero el grito de la visita fue —todos lo recordamos— el «*Totus tuus*». Y tampoco se olvidará la bella canción: «Tú, Señor, que te acercaste a la orilla».

El otro fue la misa oficiada en la plaza de Lima, en el paseo de la Castellana de Madrid, dedicada a las familias cristianas, en un altar que para la ocasión fue coronado por una gran cruz de quince metros de altura, y en su base el escudo pontificio realizado con flores. Según las cifras calculadas por el Ayuntamiento de Madrid, asistieron un millón de asistentes.

Pero no puedo ni quiero obviar en estas palabras la colaboración institucional en nombre del Gobierno con la organización de la visita del papa, que me permitió conocer al presidente del Real Madrid, Luis de Carlos, que en 1978 había asumido la difícil pero apasionante misión de suceder a Santiago Bernabéu, el hombre que hizo grande y mundialmente famoso al Real Madrid. He conservado entre mis papeles y en mi memoria las palabras que Luis de Carlos pronunció al asumir su primera presidencia en 1978 como decimosegundo presidente del Real Madrid. «Esta Junta Directiva que hoy toma posesión y que no podrá contar con el consejo de Santiago Bernabéu quiere hacer constar que, de sus aptitudes y de sus enseñanzas, sabrá servirse en el futuro inmediato para tratar de conseguir que el Real Madrid mantenga en España y en el mundo entero el prestigio que él supo darle. Recogemos una historia brillante que siempre será difícil de igualar».

Cuando me ofreció integrarme en su candidatura en 1982 no lo dudé un momento, porque su personalidad encajaba perfectamente con mi criterio de cómo se debía asumir la gestión futura de un club de la categoría del Real Madrid. En su etapa como presidente hubo momentos de triunfo y algunas decepciones, como sucede en el mundo del deporte, pero siempre prevaleció la mesura en el triunfo y en la desilusión. No obstante, en esas siete temporadas de su presidencia al frente del Real Madrid, nuestro equipo ganó dos Campeonatos de Liga, dos Copas del Rey y una Copa de la UEFA. Y no puedo ni debo olvidar que la sección de baloncesto, a la que tan unido estuve, consiguió cinco Ligas, una Copa del Rey, una Supercopa de España, una Copa de Europa, una Copa Intercontinental, una Supercopa de Europa y una Recopa de Europa.

Luis de Carlos supo decidir siempre desde el buen sentido y compartir las decisiones con su directiva, de la que formábamos parte un riguroso equipo de colaboradores, algo imprescindible para poder dirigir el club con acierto, tal y como había aprendido después de tantos años cerca de Bernabéu, y en los que coexistían la relevante experiencia y la necesaria juventud.

Recuerdo también la elegancia con la que supo hacer frente a las presidencias de otros clubes rivales, basadas en el populismo mediático o en el victimismo, y pese a la incomodidad que le producían, porque las polémicas no eran de su agrado, les hizo frente con firmeza.

Luis de Carlos fue fiel a su buen sentido y, una vez alejado de la presidencia del Real Madrid, se apartó de la actualidad para que la atención mediática se centrara en la labor de su sucesor, disfrutando como un socio más de los triunfos de su equipo, hasta que falleció en Madrid en mayo de 1994.

Con gran acierto, por la relevancia de su figura y el grato recuerdo de su entrega al Real Madrid y de su gestión como presidente, el presidente Florentino Pérez propuso a su Junta Directiva que el club creara el «Foro Luis de Carlos» de debate y opinión, que es una cita anual obligada en la trayectoria del club y de su fundación.

Le recuerdo con mucho agrado y cariño y considero que, además de su sabiduría en la gestión, fue siempre un caballero, un señor, con la elegancia personal y profesional y el señorío que ha de atesorar siempre quien ostente la condición de presidente de un club como el Real Madrid.

La adaptación de los estatutos del club a los nuevos tiempos

Por Marta Silva de Lapuerta[*]

Cuando me llamó Luis de Carlos Bertrán para pedirme participar en este libro en homenaje a su abuelo me hizo mucha ilusión por la gran amistad que tengo con Luis y con toda su familia, y porque gracias a su abuelo, me hice socia del Real Madrid en marzo de 1980, cuando acababa de cumplir once años de edad. Quién me iba a decir entonces que muchos años después sería secretaria de la Junta Directiva de mi querido club, durante la primera etapa de otro gran presidente, Florentino Pérez.

Mis primeros recuerdos como socia que iba a ver a mi equipo jugar en el Bernabéu fueron bajo su presidencia. También recuerdo acompañar a mis hermanas mayores a votar a Luis de Carlos en las elecciones de 1982. Al ser menor de edad yo no podía votar, pero viví intensamente el apoyo a su candidatura y las ganas de que renovara su mandato, como así fue.

Fue Luis de Carlos un presidente inteligente, sereno, sumamente educado, honesto, reflexivo, trabajador y profundamente madridista. Creo que encarnaba uno de los valores propios de nuestro club: el señorío. Una de las cuestiones que se propuso abordar cuando llegó a la presidencia del club fue la redacción de unos nuevos estatutos que se adecuaran a los nuevos tiempos, a la dimensión social y a la

---

[*]   Abogada del Estado y exsecretaria de la junta directiva del Real Madrid (2000-2006).

trascendencia del Real Madrid, al mismo tiempo que a la legislación vigente en el ámbito de las asociaciones deportivas y clubes de fútbol y a la democracia recién llegada a España.

Para ello contó con la ayuda del secretario de su Junta Directiva, Miguel Mestanza Fragero, notario de Madrid, que se encargó de redactar un proyecto de estatutos que presentó en la Comisión de Estatutos de la Junta Directiva y que finalmente defendió ante la Junta General, siendo aprobados por unanimidad. Los estatutos de 1982 configuraron al Real Madrid como una entidad deportiva ajustándose a las leyes y reglamentos dictados con carácter general para el deporte, regularon la adquisición de la condición de socio, sus derechos y obligaciones, y la pérdida de tal condición, así como la figura de los abonados y los suscriptores de títulos de deuda.

En cuanto a los órganos rectores de la entidad, distinguieron entre la Asamblea General de Compromisarios y la Junta Directiva, regulando la composición y las competencias de ambos órganos. Asimismo, regularon dos comisiones: la Junta de Gestión Electoral, de nueva creación, pues fueron estos estatutos los que por primera vez regularon el procedimiento electoral, y la Comisión de Disciplina Social (órgano que ya existía, y de hecho fue Luis de Carlos miembro de la misma desde 1953 a 1956, año en que ingresa en la Junta Directiva).

Establece por primera vez un sistema democrático de elección de los compromisarios, de acuerdo con los nuevos tiempos, apartándose del sistema de elección por sorteo, previsto en los estatutos de 1971. Se divide el cuerpo electoral (los socios del Real Madrid) en millares, correspondiendo 33 compromisarios por millar. Los socios que lo desearan podrían presentarse y serían elegidos directamente si en su millar no se sobrepasaba el número de 33, si hubiera más se celebrarían elecciones y si hubiera menos habría sorteo por el número restante. Este sistema que prima la voluntariedad y la democracia ha llegado hasta nuestros días.

Se regula el procedimiento democrático para la elección de presidente, y Junta Directiva cada cuatro años. Al amparo de estos nuevos estatutos, se celebraron las primeras elecciones en octubre de 1982, en las que resultó elegida la candidatura de Luis de Carlos (10.752 votos) frente a la de Ramón Mendoza (7.560 votos). Los socios del Real Madrid votaron continuidad en la figura de Luis de Carlos.

Destacar que estos estatutos, al tratar la posible extinción del club, y regular el destino de su patrimonio, previeron, por primera vez, la creación de una fundación con el nombre del Real Madrid, la cual tendría como fin la promoción y el desarrollo del deporte físico e intelectual. Años más tarde se creó la fundación, que como todos sabemos, realiza una eficaz labor de fomento del deporte entre los más necesitados, en todo el mundo. La primera idea surgió en estos estatutos del 82.

Por último y para concluir, Luis de Carlos fue un magnífico presidente del Real Madrid, que supo adecuar el Real Madrid Club de Fútbol a los nuevos tiempos, realizando una transición serena y acertada, no solo en lo deportivo, sino en la organización y en la normativa interna del club, dotando a este de unos estatutos propios de finales del siglo xx.

Las elecciones de 1982

Por Borja Martínez-Echevarría[*]

En ochenta años de historia, el Real Madrid no había tenido unas elecciones a la nueva usanza para elegir a su presidente. Una decena de personas comprometidas, en distintos mandatos y bajo diferentes fórmulas de nombramiento, habían ocupado la presidencia del Real Madrid Club de Fútbol desde su fundación. Aunque sí estaban previstas en los estatutos del club, lo cierto es que distintos avatares de la historia de España y la renovación por aclamación de don Santiago Bernabéu como presidente de la entidad durante treinta y cinco años habían demorado el ejercicio del sufragio universal por parte de los socios.

Luis de Carlos había entrado a formar parte de la Junta Directiva del Real Madrid en 1956, después de catorce años como socio de la entidad. Aunque ocupó distintos cargos de responsabilidad, fue en 1962 cuando empezó a encargarse de «los dineros» del club y ejerció su labor como tesorero hasta 1978.

En 1971, Luis de Carlos sufrió un duro varapalo: el fallecimiento de su esposa, Concepción. La dolorosa noticia provocó que De Carlos se entregase más al club y comenzase a viajar con el equipo de forma más continuada. En esos desplazamientos —más tortuosos en aquel entonces que en la actualidad— el tesorero de la entidad estrechó su relación con jugadores, directivos y rivales y se convirtió en una de las caras visibles del madridismo.

---

[*]   Periodista.

En 1978 tuvo que asumir el papel de sustituir a Santiago Bernabéu —etapa ya relatada en otro capítulo de este libro— y, durante cuatro años, fue el encargado de pilotar la nave blanca. «Recogemos una historia brillante que siempre será difícil de igualar», señaló De Carlos en su toma de posesión.

El consenso que había cocinado Raimundo Saporta en 1978 iba a ser difícil de lograr cuatro años después. En 1982, el club se encontraba inmerso en una sociedad que sufría cambios, transformaciones y embates. El aspecto político era cambiante. España se sacudía todavía los rescoldos del golpe de Estado de 1981 y se avistaban las elecciones generales de 1982. Los atentados terroristas de ETA asfixiaban a la sociedad española.

Y, en el aspecto deportivo, la realidad era muy diferente a la actualidad. Fueron los grandes años de las canteras. Las plantillas de primera división eran muy parejas. Solo se podía contar con dos fichajes extranjeros y el derecho de retención hacía muy difícil concretar los traspasos. Fueron años de victorias en la Liga que, ahora, se considerarían sorpresas: dos títulos para la Real Sociedad y dos del Athletic Club. Y la irrupción de un Sporting de Gijón, con su cantera de «Mareo», que llegó a la final de la Copa del Rey en 1982 y había saboreado el subcampeonato de Liga pocos años antes. Incluso la cantera madridista vivió su momento glorioso, disputando la final de Copa de 1980.

Con Saporta desvinculado —ejecutivamente, que no emocionalmente— del Real Madrid, los distintos candidatos a las elecciones del Real Madrid fueron posicionándose de cara a convertirse en presidente de la entidad blanca.

Ramón Mendoza, que ya había formado parte, de forma fugaz, de la Junta Directiva con Santiago Bernabéu, y había sido vicepresidente con Luis de Carlos en 1978, fue el primero en postularse de cara a las elecciones.

Ya en marzo de 1982, cuando el primer mandato de Luis de Carlos se acercaba a su final, Mendoza manifestó su deseo de presentarse como candidato. Así se lo manifestó al propio presidente. «Durante mucho tiempo —declaró Mendoza— he apoyado a Luis de Carlos y le he pedido que continuara al frente del club. Solo sus dudas me han impulsado a saltar a la arena». La entrada de Mendoza en la carrera electoral fue progresiva. De Carlos todavía no había anunciado su intención de presentarse a la reelección y Mendoza esperaba esa decisión antes de comenzar la batalla.

El empresario levantó la bandera del cambio frente a lo que calificaba como inmovilismo continuista de De Carlos. Mendoza calentaba motores y exigía un proceso electoral inminente —antes de verano— para que la nueva Junta pudiese preparar la temporada 82/83 con algo de tiempo.

La presión recayó entonces sobre Luis de Carlos. El domingo siguiente al anuncio de Mendoza, el equipo solo logró empatar en Valladolid (0-0) y no aprovechó el pinchazo del Barcelona frente al Hércules; y de la Real Sociedad en el Vicente Calderón. Seguía a cinco puntos del liderato y, aunque Vujadin Boskov pidió calma y confiaba en las jornadas que quedaban por disputar, el horizonte deportivo aumentaba la presión sobre la directiva. La victoria ante el Kaiserslautern por 3-1 en la ida de cuartos de final de la Copa de la UEFA mantenía con aire las esperanzas deportivas de la temporada.

Pero, en apenas cuatro días, el madridismo sufrió un duro revés.

El equipo cayó derrotado en el Benito Villamarín frente al Betis, mientras que la Real Sociedad y el Barcelona sumaron los dos puntos. La Liga parecía escaparse definitivamente.

El miércoles siguiente, el equipo visitó el Fritz-Walter Stadion de Kaiserslautern. En catorce minutos, los alemanes habían dado la vuelta a la eliminatoria. El partido terminó con un doloroso 5-0 que pasó a formar parte de la «maldición germana» madridista durante muchos años.

A los sinsabores deportivos se sumaron las dimisiones de los directivos Gregorio Paunero y Nemesio Fernández-Cuesta que, posteriormente, se presentarían en la lista de Ramón Mendoza.

En este contexto tan convulso, Luis de Carlos dio un paso adelante y despejó las dudas sobre su continuidad: se presentaría a las elecciones. «Mi decisión ha sido profundamente meditada, y como nuevo servicio al club, al que he aportado dedicación y entrega», declaró De Carlos. El presidente mostró su «respeto a los demás candidatos, porque todos tienen el afán de servir al club». De Carlos calificó el nuevo mandato al que aspiraba como un «relanzamiento del club».

La contienda estaba planteada.

Unos días después, Raimundo Saporta, quien se hallaba inmerso en la organización del Mundial de España que comenzaba en pocos meses, volvió a aparecer en la actualidad madridista. El dirigente, preocupado por la división en el madridismo que podía provocar una batalla electoral, reunió en su domicilio a los dos candidatos. Era probable que algún socio más se presentase después a las elecciones, pero De Carlos y Mendoza serían los principales aspirantes. Saporta no consiguió convencerles. La propuesta de mantener a De Carlos en la presidencia —aunque con un papel más institucional que ejecutivo— y dejar a Mendoza más labor de actuación desde la vicepresidencia, aunque escuchada y debatida, no fue comprada por los contendientes.

En apenas una semana, la carrera electoral ya contaba con un puñado de aspirantes. De Carlos, Mendoza y José María Diéguez —principales candidatos—, Alejandro Vogel, Antonio Martínez Laredo y Roberto Campos Gil.

Vujadin Boskov perdió la confianza de la directiva y dejó el puesto de entrenador en una dimisión-despido que abrió las puertas del banquillo a Luis Molowny. Al poco, llegó un triunfo deportivo con la victoria en la final de la Copa del Rey frente al Sporting de Gijón, que repetía subcampeonato.

El final de la temporada, adelantado en fechas por la celebración del Mundial, asomaba en mayo. Luis de Carlos observaba como José Luis Núñez, presidente del Barcelona, boicoteaba cualquier intento de fichaje del Real Madrid. Así, llegaron al Nou Camp jugadores como Alonso y Urbano, pretendidos por el club blanco, pero que finalmente optaron por jugar de blaugrana. En los mentideros futbolísticos se llegó a comentar que Núñez ofrecía cinco millones más que cualquier oferta del Madrid en cualquier operación con tal de que los blancos no lograran sus objetivos.

El fichaje de Alfredo di Stéfano para el banquillo en la siguiente temporada atrajo todos los focos y el proceso electoral quedó en un segundo plano. El presidente De Carlos confirmó las elecciones para el mes de octubre y continuó con la planificación de la temporada. Era difícil competir en el mercado de fichajes con un Barcelona disparado y con las cuentas del club encorsetadas por la remodelación del estadio. Aun así, el Real Madrid cerró la incorporación del holandés Metgod y de Paco Bonet, entre otros jugadores. Además, empezó a sonar el interés por Juan Lozano, un habilidoso centrocampista belga de origen español, que militaba en el Anderlecht. El fichaje no se cerró hasta la siguiente temporada. Mientras tanto, el Barcelona empezó a mover los hilos para traer a Maradona. El Real Madrid, aunque contaba con Di Stéfano como baza para convencer a Maradona de recalar en sus filas, desechó entrar en la puja por el argentino. El perfil del «10», aunque era un genio futbolístico, no encajaba con lo que el club quería en sus filas.

Con las noticias del Mundial de España acaparando todas las portadas, Luis de Carlos anunció en conferencia de prensa una noticia de enorme importancia: el Real Madrid llevaría publicidad en su camiseta en la siguiente temporada. De esta forma, el club sería de los primeros en lograr ingresos publicitarios por lucir un patrocinador después de que la asamblea de la Federación Española de Fútbol, un año antes, hubiese aprobado la presencia de marcas comerciales en las zamarras de los equipos profesionales. Con esta decisión, el Real Madrid lograba unos ingresos «extra» para las siguientes temporadas que ayudarían a afrontar nuevas contrataciones. De esta forma, Zanussi se convirtió en el primer patrocinador de la camiseta madridista. El paso, no exento de debate y polémica en el mundo del fútbol de aquellos años, supuso un hito en el devenir de la historia del club. La temporada siguiente quedó en el recuerdo de los aficionados. El «brillo» y las bandas moradas en la camiseta habían sorprendido en la temporada anterior. Ahora tocaba una novedad que daría aire a las arcas del club.

Los aficionados madridistas tuvieron que esperar un largo verano hasta el comienzo de la nueva temporada. El fichaje de Alfredo di Stéfano supuso un impulso de optimismo y esperanza para los madridistas. Las incorporaciones de jugadores no eran tan ilusionantes, ya que se reforzó, especialmente, la zaga del equipo mientras que el entrenador reclamaba algún refuerzo para la delantera. El equipo realizó en verano una gira de las de antes. Partidos de verano en La Línea, Vigo, Cádiz y el incipiente Trofeo Bernabéu fueron algunas de las piedras de toque del nuevo equipo.

De Carlos había presentado su dimisión a finales de julio y, en agosto, se empezaron a conocer los programas electorales de los principales candidatos. Quedaba poco más de un mes para las elecciones. Luis de Carlos, poco amigo de los protagonismos y de las polémicas, se había presentado a la reelección como un gesto de servicio al club de sus amores. Consideraba que el papel de presidente de la entidad era un gran honor. Su ideal de presidente era Luis Martínez-Laforgue, «porque creo que representa la continuidad, pero no se quiso presentar. Pienso que es un hombre válido para el club». Pero Martínez-Laforgue había animado a De Carlos a volver a presentarse. Él le apoyaría como directivo. Para De Carlos, después de un mandato de transición tras el fallecimiento de Santiago Bernabéu, ahora se trataba de presentar un proyecto de relanzamiento del club. El candidato a la reelección no se encontraba cómodo con lo que se presumía una campaña electoral «al estilo americano» —ya que en España no había mucha tradición de «campañas»—. Pero los candidatos sabían que había que empezar a moverse para conseguir el apoyo de los socios.

El 14 de septiembre finalizó el plazo para conseguir las 1.700 firmas de socios que eran necesarias para presentarse como candidato. Los resultados de las mismas daban una ventaja considerable a Ramón Mendoza, con casi 6.000 firmas de socios, frente a las poco más de 5.000 de De Carlos y las casi 3.000 adhesiones que presentó José María Diéguez. Quedaba algo menos de un mes para la votación y Mendoza tenía una ventaja que le podía dar la presidencia. Luis de Carlos empezaba con mal pie la campaña electoral y no solo metafóricamente, sino que una caída fortuita provocó que iniciase la carrera por la elección con un pie escayolado.

Los rumores sobre posibles pactos entre los candidatos empezaron a llenar las páginas de los diarios. Si alguno de los contendientes se retiraba y «ofrecía» sus apoyos a otro candidato, prácticamente le haría presidente. Sin embargo, las «fusiones» de candidaturas, una vez realizada la votación, no estaban permitidas por el reglamento del club blanco. Los tres candidatos se mostraban dispuestos a seguir hasta el final y tratar de lograr la confianza de los socios.

Todo parecía indicar que sería un mano a mano entre De Carlos y Mendoza, pero el número considerable de avales conseguidos por Diéguez hacía presuponer unas elecciones más diversificadas de lo esperado.

Y los rumores, finalmente, se hicieron realidad. José María Diéguez anunció su retirada de la carrera presidencial después de realizar una pequeña encuesta y comprobar que no iba a alcanzar el sillón de presidente. Según aseguró el propio Diéguez, esa encuesta arrojaba un resultado muy favorable para Mendoza, con un 47 por ciento de los votos. De Carlos se llevaba un 35 por ciento y él «solo» obtenía alrededor del 18 por ciento. Aunque un buen número de socios habían mostrado su apoyo a Diéguez, este decidió retirar su candidatura. En una conferencia de prensa anunció que él votaría a Mendoza.

Faltaban pocos días para las elecciones y los números, aunque sin ser totalmente fiables, parecían augurar un cambio de presidente.

Y llegó el 10 de octubre de 1982. Por fin, después de un proceso electoral que se había hecho excesivamente largo, más de cuarenta mil socios con derecho a voto estaban llamados a las urnas. El día elegido coincidió con el partido Real Madrid-Málaga. El equipo llegaba en primer lugar de la tabla clasificatoria y con una ronda de Recopa superada. Con la parcela deportiva en calma llegaba el momento de dilucidar quién llevaría los mandos del club en los siguientes cuatro años.

Un total de veinticuatro mesas electorales esperaban a los socios. Algunas encuestas previas señalaban una afluencia de socios en torno a los doce mil. Y todos los resultados daban como favorito a Mendoza. Los socios preferían mantener un perfil bajo. Pocos expresaban públicamente su preferencia por uno u otro candidato. La «inexperiencia» de los españoles en procesos electorales parecía invitar a la discreción.

A las once y media de la mañana, los periodistas comenzaron a arremolinarse en la entrada de la puerta 13 del estadio, por donde se accedía al lugar de votación. Ramón Mendoza llegaba para ejercer su derecho al voto. Con traje oscuro y su inseparable cigarrillo, el aspirante caminaba entre los vítores de sus simpatizantes. El candidato se dirigió hacia la mesa número 1, donde le tocaba votar. Confiado y alegre, Mendoza se acercó a depositar su voto. Otro pequeño tumulto se escuchaba casi al unísono. Luis de Carlos había ido a votar a la misma hora. Una coincidencia que los asesores políticos nunca permitirían en elecciones en la era moderna. Los fotógrafos corrían de un lugar a otro para inmortalizar el momento de la votación de los candidatos. De Carlos vestía americana oscura sobre un jersey claro. Una corbata de rayas coloreaba el conjunto. La insignia del Real Madrid en la solapa era la guinda del candidato. Los dos contendientes se mostraban confiados. Ahora era tiempo de dejar a los socios que decidiesen.

Muchos socios, más de lo esperado, se fueron acercando al recinto. En algunos momentos, las colas en el acceso a la zona de votación y ante las propias urnas provocaron cierta decepción por parte de los socios. Algunos problemas logísticos, propios de la novedad democrática, generaron molestias a los madridistas con derecho a voto. A medida que avanzaba la tarde iba creciendo la afluencia. Los socios aprovechaban la proximidad del partido contra el Málaga para depositar su voto. A las seis de la tarde, dos horas antes del cierre de las urnas, el caudal de socios votantes aumentó. A medida que se acercaba la hora del partido, se hacía más extensa la cola de socios. A las ocho de la tarde se cerraron los accesos a la zona de votación. Treinta minutos después, «las mocitas madrileñas» atronaba en la nueva megafonía del estadio inaugurada para el Mundial. El Málaga y el Real Madrid saltaban al campo para disputar la sexta jornada de Liga. De Carlos y Mendoza ocuparon sus asientos en la grada con el pensamiento puesto en las entrañas del estadio, donde se producía el recuento de papeletas.

Joaquín Ramos Marcos pitó el inicio del partido. Parecía una fecha sencilla en el calendario, pero el planteamiento defensivo del Málaga impedía cualquier acercamiento del equipo blanco. Los 65.000 espectadores parecían haber olvidado que el club esperaba un presidente. El pensamiento estaba en los dos puntos en liza. El Athletic —a la postre campeón de Liga— se había deshecho con facilidad del Atlético de Madrid y los blancos necesitaban la victoria para seguir en lo alto de la clasificación. Pero el partido se complicaba por momentos. Tanto De Carlos como Mendoza esperaban noticias del interior del estadio. ¿A qué hora se sabrían los resultados? Había que esperar.

En el minuto ochenta, un fallo de Fernando, el guardameta malacitano, ante un pase de Juan José desde la derecha permitió a Santillana batir la meta andaluza. Así se deshacía la madeja y ya quedaba toda la atención de los socios en el nombre del nuevo presidente.

Los resultados se hicieron esperar. Casi diecinueve mil votos emitidos provocaron la dilación en el conteo final.

Y hubo resultado. Luis de Carlos, de nuevo, presidente del Real Madrid. El candidato logró romper los pronósticos y obtuvo la reelección con un total de 10.752 votos frente a los 7.560 sufragios conseguidos por Ramón Mendoza. El vuelco electoral logrado por De

Carlos reflejaba el respaldo de la masa social a su gestión. Para los socios, el presidente representaba y encarnaba los valores del madridismo, que habían guiado el club durante tantos años.

Al día siguiente fue el acto de toma de posesión. Manuel Fernández Trigo, que había pilotado el club durante el proceso electoral, devolvió el bastón de mando a De Carlos. El presidente parecía aliviado después de muchos meses de campaña. Sin embargo, el alivio dejaba paso a la responsabilidad ante otros cuatro años de mandato. El presidente era consciente de los retos y de las dificultades que se presentaban en el futuro debido a los momentos difíciles que atravesaba el fútbol español.

De Carlos comenzó su nueva —y última— etapa como presidente del Real Madrid con un deseo ferviente: que el madridismo se mantuviese unido después del proceso electoral. «El 10 de octubre debe enterrar todas las diferencias», expresó De Carlos en su toma de posesión.

Sabía que venían temporadas complicadas, pero el respaldo recibido por los socios en las urnas y su devoción por los colores provocaron que volviese a dar un paso adelante en el servicio al club.

Asamblea de aprobación de los nuevos estatutos. Luis de Carlos entre Miguel Mestanza (secretario de la Junta) a su derecha y Manuel Fernández Trigo (gerente) a su izquierda. © Real Madrid.

Felicitando a Boskov. © Real Madrid.

Luis de Carlos, acompañado por Antonio Calderón, recibe el trofeo al Mejor Equipo de Europa 1980 de manos de Joao Havelange, presidente de la FIFA. © Real Madrid.

Fichaje de Cunningham. © Javier Gálvez.

Laurie Cunningham. © Real Madrid.

Alineación del Real Madrid de la temporada 1980-1981. Fotografía de la alineación inicial, con Stielike, García Remón, Pérez García, Benito, García Hernández, Camacho, Cunningham, Juanito, Del Bosque, Isidro y Gallego. © Real Madrid.

Jugadores del Real Madrid celebrando el recién ganado título de la 15ª Copa de España (Copa de S.M. El Rey) en el nuevo estadio José Zorrilla (Valladolid). García Hernández junto a García Cortés y Gallego llevan el trofeo. © Real Madrid.

Ricardo Gallego. © Real Madrid.

Con Santillana y un grupo de aficionados. © Real Madrid.

Santillana. © Real Madrid.

Clásico cabezazo de Santillana. © Real Madrid.

Cartel de la final de Copa Real
Madrid-Castilla. © Real Madrid.

Mejor equipo de Europa 1980. © Real Madrid.

Campeones de Copa del Rey de fútbol y de Liga de baloncesto (1982). © Real Madrid.

Mostrando a Joao Havelange, presidente de la FIFA, la maqueta de la
remodelación del Bernabéu para el Mundial 82. © Real Madrid.

Valencia, 16/06/1982. Copa Mundial de Fútbol 1982. Partido de primera
fase disputado en el estadio Luis Casanova entre las selecciones de España y
Honduras, que terminó con empate a 1. En la imagen, la alineación Española,
de pie: Arconada, Alexanco, Tendillo, Joaquín Alonso, Gordillo, Camacho;
agachados: Juanito, Perico Alonso, Satustregui, Zamora y López Ufarte. © ABC.

ABC

MADRID, SÁBADO 6 DE JUNIO DE 1981

EL BERNABEU SE PREPARA PARA EL MUNDIAL 82

Estado actual de las obras de techado del estadio madrileño, de cara al Campeonato que comienza dentro de un año

Remodelación del estadio para el Mundial 82. © ABC.

Acto del Papa con los jóvenes en el Bernabéu. © ABC.

Luis de Carlos votando en las elecciones a presidente del Real Madrid,
que ganó de manera contundente. © ABC, Luis Ramírez.

Reelegido presidente. © Real Madrid.

El regreso de Alfredo di Stéfano

Por Emilio Butragueño[*]

Tengo muchos recuerdos de mi infancia, un periodo lleno de felicidad en el que construí una relación con mi padre que fue creciendo con los años y que ha terminado siendo decisiva en mi vida. Pasábamos muchos momentos juntos y el fútbol era una excusa perfecta para estar cada día más unidos. Residen en mi memoria sus continuos relatos sobre el Real Madrid de los años cuarenta y sobre todo de aquellas inolvidables Copas de Europa de los años cincuenta, que se convirtieron en los pilares sobre los que el equipo cimentó su leyenda.

Me hablaba de Bayón, Molowny, Pruden, Gento, Rial, Lesmes, Miguel Muñoz, Juanito Alonso, Santamaría, Zárraga, Kopa, Puskas…, pero sobre todo de Alfredo di Stéfano. Cuando pronunciaba su nombre, su mirada resplandecía debido a la profunda admiración que sentía por él. En infinidad de ocasiones le escuché una frase que siempre me acompañó desde entonces: «Di Stéfano cambió la historia del Real Madrid». Ese fue mi primer contacto con el mito más grande de la historia de nuestro club. Mi padre fue el puente, el canal que me acercó al que terminó siendo un hombre fundamental en mi carrera como jugador profesional.

De esa manera, a medida que iba cumpliendo años y aumentando mi pasión por todo lo que representaba el club, Alfredo di Stéfano ya

---

[*] Exjugador del Castilla y del Real Madrid y actual director de Relaciones Institucionales del Real Madrid.

formaba parte de mi vida. Constituía una figura idílica, inaccesible para un mortal como yo.

El destino fue tan generoso conmigo que decidió darme la oportunidad de fichar por el Real Madrid. Mi primer día en la querida Ciudad Deportiva fue el 1 de agosto de 1981. Comencé mi aventura en el tercer equipo, el Real Madrid C, y no me fue nada mal esa temporada, ya que, antes de que terminara, me ascendieron y jugué los últimos partidos de Liga con el Castilla.

Ese verano de 1982, Alfredo di Stéfano es contratado por el club como entrenador del primer equipo. De repente podía ver todos los días al personaje central de las historias futbolísticas de mi padre y aquellas conversaciones de mi infancia provocaron un respeto reverencial hacia su persona y lo que significaba para mí.

La temporada 1983-1984 supuso un punto de inflexión en mi carrera. En realidad, se convirtió en una de las más decisivas de mi trayectoria. Martín Vázquez, Sanchís y Pardeza se incorporaron al Castilla procedentes del Juvenil A y, junto al resto de compañeros, entre los que se encontraba Míchel, formamos un equipo plagado de talento y creatividad que generó una ilusión enorme entre nuestros aficionados. Fue el nacimiento de la denominada «la Quinta del Buitre».

Di Stéfano, entrenador del primer equipo, tuvo el coraje de hacer debutar a Sanchís y a Martín Vázquez el 11 de diciembre en Murcia. La razón no era una cadena de lesiones que le obligara a recurrir a los jóvenes, sino la convicción de que tenían la calidad suficiente para asumir esa responsabilidad. Yo vivía su éxito con una gran felicidad, ya que, en realidad, sentíamos que era un triunfo de todos los compañeros.

Sin esperarlo, la primera semana de febrero me llamaron para entrenar con el primer equipo. Era una estupenda señal, pero dominado por la prudencia, no me hice muchas ilusiones. Solo por el hecho de estar a las órdenes de Di Stéfano me sentía en el paraíso. El ídolo de mi padre, el hombre que cambió el curso de la historia del Real Madrid, se había convertido en mi entrenador, aunque fuera por unos días. Intenté no dejarme llevar por la emoción y dar lo mejor de mí para que aquel sueño se prolongara. Finalmente, entré en la lista para viajar a Cádiz. Era mi primer desplazamiento con el equipo profesional.

Lo que sucedió ese 5 de febrero de 1984 jamás lo olvidaré. Como era de esperar, empecé en el banquillo. En el descanso perdíamos 2-0 y cuando regresamos al vestuario Di Stéfano se me acerca y me dice: «Nene, calentá». No encuentro las palabras precisas para describir lo que sentí en ese momento: una mezcla de emoción profunda y de alegría. Había llegado el momento de demostrar que podía ser jugador del Real Madrid. Sabía que mi padre se encontraba en la grada. Quién le iba a decir que su jugador favorito, por el que sentía tanta gratitud como aficionado, daría a su hijo la oportunidad de debutar en el Real Madrid, su club de toda la vida, del que era socio desde 1943.

El trabajo constante y la confianza en uno mismo son imprescindibles para alcanzar las metas, pero toda aventura exitosa necesita de la suerte y aquella tarde estuvo siempre a mi lado: ganamos 2-3 y marqué dos goles, el primero y el tercero, este en el último minuto. A partir de ese día todo cambió en mi vida y en la de mi familia. Ya me quedé en el primer equipo hasta el final de la temporada y supuso el inicio de mi carrera como jugador profesional en el Real Madrid.

Y eso sucedió porque Alfredo di Stéfano me ofreció el privilegio de vestir en un partido oficial la camiseta que él honró durante las once temporadas que perteneció al club, desde 1953 hasta 1964. Desde entonces, no había tenido relación profesional con el club hasta que Luis de Carlos le contrató como entrenador en el verano de 1982. Habían transcurrido dieciocho años.

Di Stéfano dejó el club en junio de 1984, justo al finalizar aquella temporada. Uno siempre agradece que confíen en él, sobre todo cuando eres muy joven y necesitas esa oportunidad que te permita seguir avanzando hacia tu sueño. Sin ella es casi imposible desarrollar tus habilidades. Don Alfredo me dio esa opción y siempre lo tendré presente. «La Quinta del Buitre» nació con él. Vio en nosotros un gran potencial y se atrevió a subirnos al primer equipo en mitad de la temporada. Casi nadie lo hubiera hecho, pero era Alfredo di Stéfano, un ganador, un líder, el jugador que cambió la historia del Real Madrid y la historia del fútbol. Sin él, probablemente mi carrera no hubiera sido la misma y seguramente no me habrían pedido escribir estas líneas.

Simplemente,
una generación de muchachos

Por Miguel Pardeza*

El primero al que conocí fue a Sanchís. Yo acababa de llegar a la capital. Sería mediados de agosto. El año, 1979. Tenía uno entonces catorce años, pocos en comparación con los siglos de ignorancia, de candidez personal. Nos citaron en La Chopera, no sé si aún existe algo con ese nombre, pero se trataba de unos campos de fútbol dentro del parque del Retiro. Seríamos no menos de trescientos chiquillos, quizá algunos más, todos como yo y Manolo, todos aquejados de la misma ansiedad, todos ilusionados con la idea de ser elegidos para alguno de los equipos infantiles que ese año defenderían la camiseta del Real Madrid.

En uno de los partidillos selectivos, yo ocupé una banda de la delantera y Manolo la otra, porque a la sazón él jugaba de delantero, lo que más tarde, cuando se transformó en uno de los mejores centrales de nuestro fútbol, le sirvió para explotar sus letales salidas con el balón controlado desde la línea defensiva. Ya como compañeros del mismo equipo, al familiarizarnos con los vestuarios de la antigua Ciudad Deportiva de la Castellana, llegó a nuestros oídos el nombre de Míchel, un par de años mayor que nosotros.

Era un centrocampista, más bien mediocentro, que gastaba una calidad deslumbrante y un par de piernas que destilaba elegancia

---

*   Exjugador del Castilla y del Real Madrid y componente de la Quinta del Buitre.

en cada acción que ejecutaba. Ya se hablaba de su firme candidatura a llevar un dorsal en la primera plantilla. Lo cierto es que daba gusto verlo jugar. Alto, delgado, con la cabeza siempre levantada, y esa finura con que cambiaba el juego o metía un pase a la espalda de los rivales con una naturalidad ante la que solo cabía rendirse admirado. Aún era pronto para que pudiéramos disfrutarlo como colega de fatigas. Entretanto, a nuestro grupo se incorporó Martín Vázquez, al que descubrieron en su equipo escolar de Aravaca y lo llevaron a un entrenamiento de la selección castellana, donde lo conocimos. Nacido el mismo año que Sanchís y yo, sin embargo era unos meses más joven que nosotros. Pero ya desde entonces conseguía dejar a todo el mundo con la boca abierta. Y era imposible saber qué admirar más en él, si su fortaleza física, la delicadeza con que conducía la pelota, o la insólita confianza con que usaba el exterior de su pie derecho.

El último en llegar lo hizo un tanto de tapadillo, con esa timidez de los que aún no saben que la fortuna le deparaba un lugar privilegiado. Butragueño apareció un día cualquiera en uno de aquellos veranos del Madrid de los 80. Caluroso, interminable y seguramente aburrido, salvo por el hecho de que teníamos que disputar el torneo Bernabéu de juveniles, feliz iniciativa que nos quitaba el sueño porque se trataba de lucirnos, ni más ni menos, en el estadio de los mayores delante de unos cuantos miles de aficionados.

Yo estaba lesionado, lo recuerdo, y Emilio, como una prueba más de su examen madridista, ocupó puesto en el equipo titular. Consiguió un gol, el gol del triunfo creo recordar, y desde entonces su estrella no hizo sino crecer, hasta convertirse en un jugador fantástico, irrepetible, a la par que icono y líder de una generación que, acaso esté feo que uno lo diga, marcó una época.

Todo lo que vino a continuación es más o menos conocido. Los cinco, junto con otros buenos jugadores que habrían merecido tanto o más que nosotros figurar en el reducido podio de la Quinta, coincidimos un par de temporadas en el Castilla bajo el magisterio de Amancio, que nos ayudó a dar el paso definitivo en nuestro aprendizaje antes de llamar la atención de Di Stéfano, que iba a encargarse de darnos la alternativa en la plantilla profesional.

Se inició aquí, sin duda, uno de los periodos más interesantes del fútbol español. No solo porque acaso ayudó a cambiar la sensibilidad del espectador futbolístico, sino porque a su manera contribuyó a la transformación sociocultural de España, que cobró fuerzas tras el intento de golpe de Estado del 81. Lo de menos, cree uno, fueron las cinco Ligas consecutivas o las dos Uefas y los otros títulos.

Lo realmente importante es que revitalizó el orgullo madridista, que andaba algo alicaído desde que cesara el dominio europeo de la mano de Di Stéfano, tan solo aliviado en los 60 con la aparición de otro equipo histórico: el Madrid de los yeyés, que, capitaneado precisamente por Amancio, reunió a un ramillete de extraordinarios jugadores como Pirri, Manolo Sanchís (padre), Velázquez, Grosso o Zoco.

Una prueba de que aquella aventura significó algo decisivo en la historia tanto del Real Madrid como del fútbol nacional la tenemos en que, transcurridos muchos años, el recuerdo de aquel periodo todavía sigue vivo en la memoria de los aficionados, y no solo de los madridistas. Sonroja a veces incluso comprobar que se han escrito varios libros sobre aquella generación, rodado documentales y que, sobre todo, es bastante habitual que no pocos comentaristas y otras especies de nostálgicos evoquen a aquellos jugadores con un cariño que desconcertaría al más frío y descreído de sus miembros.

De todo aquello ha pasado ya mucho tiempo, otros grandísimos equipos vinieron en sustitución de aquel, equipos que han conseguido por méritos propios ganarse el respeto y el reconocimiento de todos. Ahí están el Madrid de los galácticos, el de Zidane o el de Ancelotti. Pero a uno le alegra y reconforta constatar que la amistad que empezó a forjarse con la presidencia de Luis de Carlos y se fortaleció más tarde bajo la de Mendoza sigue tan fresca y cercana como siempre. Es más, casi me atrevería a afirmar que se ha ido afianzando con los años, ahora que ya muchos peinan canas, y juegan con nietos o están a punto de hacerlo.

Por lo demás, no ignoro que hacer historia en el deporte es imposible si no median unos cuantos títulos y noches inolvidables de heroísmos y hazañas milagrosas, pero si hay un milagro que uno ha terminado apreciando por encima de los merecimientos materiales u objetivos es precisamente la calidad personal de aquellos que crecieron juntos y se formaron como ciudadanos, para devenir al final en tipos normales conscientes de la fortuna de haber podido ser lo que soñaron de niños, y que ese sueño haya sobrevivido a las vicisitudes de cada cual y sobre todo al desgaste del olvido y la indiferencia.

El miedo escénico es mucho más que el acobardamiento de nuestros adversarios

Por Jorge Valdano[*]

Llegué al Real Madrid en el año 1984, cuando el club estaba en un periodo de transición institucional y futbolística. La temporada 84/85 fue difícil, desigual, con momentos tormentosos pilotados con sabiduría por Luis de Carlos, un presidente honesto, austero y cálido que sabía poner al equipo a reparo de las crisis que, en tiempos de cambio, acechan al Madrid.

Yo no estaba lejos de los treinta años y mi llegada supuso un momento de culminación profesional, después de una larga travesía. Llegué para ocupar una de las dos plazas de extranjero permitidas en aquel momento. El otro extranjero era Uli Stielike, un profesional excepcional que había calado en la afición hasta el punto de que, en los momentos en que los partidos se ponían feos, bajaba de las gradas un grito de guerra que lo interpelaba: «Uli, Uli... Uli, Uli...».

Por lo demás, la plantilla contaba con un grupo de jugadores expertos que hoy son leyenda: Juanito, Camacho, Santillana... Gente que defendía la camiseta como hinchas antes que como jugadores. Para completar la plantilla, había arribado al vestuario un grupo de jóvenes provenientes de la cantera y que, al poco tiempo, gracias a la creatividad del periodista Julio César Iglesias, fue agrupado bajo

---

[*]   Exjugador, entrenador y director general del Real Madrid.

el nombre de «la Quinta del Buitre». «Veteranos y noveles», dice el himno, y aquella plantilla así lo reflejaba.

Los tiempos de transición en el Real Madrid siempre dejan víctimas en el camino. Yo pensé que sería una de ellas porque la temporada empezó terrible. El primer partido se jugó en el Bernabéu y el calendario quiso que nuestro rival fuera el Barça. Salí al estadio soñado con un entusiasmo juvenil y me lesioné. ¡En el calentamiento! Volví al vestuario con una tristeza y una vergüenza inolvidables para ver cómo perdíamos (0-3). Imposible un comienzo peor. La Liga, que es siempre la que le da refugio al Real Madrid, nos dejó a la intemperie desde el primero hasta el último día. Terminamos a 17 puntos del Barcelona. Tampoco encontramos amparo en la Copa del Rey, pero la accidentada temporada terminó siendo inolvidable porque el club ganó, por primera vez en su historia, la Copa de la UEFA.

Apenas un premio de consolación para un club que se siente propietario de la Champions, pero el recorrido fue tan singular que quedó en la memoria colectiva como un hito, replicado la temporada siguiente. Aquellos partidos hicieron del Santiago Bernabéu un lugar de encuentro mágico, en el que ocurrían cosas que no parecía posible que ocurrieran. Se estaba incubando el gran equipo que, a partir de la temporada siguiente, ganaría cinco Ligas consecutivas.

En la Copa de la UEFA el prodigio empezaba con un derrumbe. Partidos perdidos en condición de visitantes, con resultados en ocasiones vergonzosos que en el Real Madrid suelen cristalizar en catástrofe mediática y social. Una de ellas se llevó a Amancio para ser sustituido por Luis Molowny. Entre el partido de ida y el de vuelta solían pasar quince días en los que había que gestionar la tremenda presión ambiental. Luego llegaban los prodigios. El primero era la confianza algo insensata del madridismo.

Cuanto más escandaloso era el resultado de la ida, más locura por conseguir una entrada en el partido de vuelta. El tradicional socio, siempre algo más frío y exigente, y los peñistas, llegados de todas partes, llenaban apasionada y ruidosamente el Bernabéu, todos convencidos de su condición de «pueblo elegido», para expresarlo con la acertada imagen de Alfredo Relaño.

En esos años aún había entradas de pie que llevaban el aforo hasta las 100.000 localidades. Pero en aquellos partidos hasta las piedras se volvían locas y el estadio admitía a 120.000 madridistas, gente de fe.

Y lo que iban a ver pasar, pasaba. Aquellos prodigios se construían con momentos de buen y de mal fútbol, pero con un nivel de entrega y pasión que hacía que los rivales, pasado aquel trance, se arrepintieran de ser futbolistas.

Ahí nació el concepto del «miedo escénico», que habla del acobardamiento de nuestros adversarios, pero es una definición que no abarca lo suficiente. No homenajea en su justa medida a lo que ocurría ahí dentro: un esfuerzo titánico de los jugadores y una emoción desbordada de la afición, que culminaba en una comunión colectiva que confirmaba el ejercicio de fe que los había llevado hasta ahí. Va, en este recuerdo, mi reconocimiento a Luis de Carlos, ese hombre que, cuando peor pintaban las cosas, más valor demostró. La pasión es un estado de excepción del ánimo que, para que se produzca, necesita de hombres que sepan cargar el peso de la historia. En este caso, con la serenidad que mostraba ese ejemplo de sabiduría y madridismo que era don Luis.

Una época maravillosa en el baloncesto

Por Lolo Sainz*

Cuando vuelvo la vista a esos años de la presidencia de don Luis de Carlos, cuatro décadas atrás, no puedo evitar hacerlo con una sonrisa, porque lo que veo es una época maravillosa para el baloncesto y especialmente para la sección del Real Madrid. Vivimos en esos años de 1978 a 1985 una explosión de cambios, de éxitos y de reconocimiento e interés por parte de la gente y de los medios de comunicación con el deporte de la canasta.

Fue la época en la que el Real Madrid y la selección nacional se incorporaron, de modo definitivo y estable, a la primera división mundial, de donde no hemos descendido luego. A ese tiempo pertenecen los partidos épicos en el Pabellón de la vieja Ciudad Deportiva, con inolvidables encuentros de una rivalidad y una tensión no igualadas desde entonces contra los grandes equipos italianos, soviéticos, yugoslavos e israelíes y, en las competiciones nacionales, contra el Barcelona y el Juventud.

Fue también en ese periodo cuando nuestra selección consiguió la histórica medalla de plata en la Olimpiada de Los Angeles, jugando la final contra el equipo norteamericano de Michael Jordan y Pat Ewing. Fueron los días de jugadores todavía recordados y admirados, como Corbalán, Fernando Martín, Rullán, Fernando Romay, Iturriaga, Biriukov y tantos otros, y el de las primeras estrellas

---

*   Exjugador y exentrenador de la sección de baloncesto. Con la colaboración de Juan Miguel Goenechea, exjugador de la sección de baloncesto.

187

europeas que quisieron venir a jugar al Real Madrid por sus ganas de conseguir triunfos, como el incomparable Mirza Delibasic. Fue, en definitiva, una gran época para el baloncesto y, en particular, para nuestro Real Madrid.

La preciosa época que vivimos entonces no fue, creo yo, fruto de una única causa, sino el efecto de una combinación de varias circunstancias. Unas circunstancias que produjeron ese resultado porque coincidieron alrededor de una institución, el Real Madrid, en la que don Luis de Carlos y su Junta Directiva quisieron y supieron preservar lo mejor de los valores y de los modos que son su seña de identidad. De no haber ocurrido en torno al Real Madrid dudo de que esas mismas circunstancias hubieran llegado a tener el efecto que tuvieron.

Y todo ello en unos momentos que no eran los mejores para el club. Había perdido a su inspirador y líder indiscutido, don Santiago Bernabéu. El artífice de la sección de baloncesto, don Raimundo Saporta, tuvo que ocuparse durante los primeros años del mandato de Luis de Carlos de la organización del Campeonato Mundial de Fútbol de 1982 que se jugó en España. En el plano deportivo, el fútbol, que era la fuente principal de ingresos, no atravesaba sus mejores años, con la Quinta del Buitre creciendo todavía en las categorías inferiores y en el equipo filial, el Castilla.

Podían haber sido tiempos de debilidad en el liderazgo del club o de dudas. Pero la presidencia de don Luis de Carlos mantuvo el rumbo de la casa y la vigencia de sus valores. Y gracias a ello el baloncesto se benefició de la combinación de circunstancias que se dieron alrededor del club. Una de esas circunstancias, que es también un buen ejemplo de cómo las aprovechaba el Real Madrid, fue la contratación de Fernando Martín. Si no se hubiera incorporado a nosotros, posiblemente, la historia de la sección de baloncesto y, probablemente, la del baloncesto español, hubiera sido diferente.

Fernando, producto de la cantera del Estudiantes, se había incorporado a su primer equipo en la temporada 1980-1981, recién concluida su etapa de júnior, el año en que cumplió los diecinueve. Siendo tan joven, en uno de los encuentros contra ellos esa temporada nos metió 16 puntos. El chaval nos impresionó. Vimos claro que teníamos que ficharlo. Pero no éramos los únicos que habíamos advertido su potencial. Cuando a final de temporada nos acercamos al Estudiantes, estaban ya en conversaciones con otros equipos, con lo cual la negociación de su fichaje fue de las más duras que yo pueda recordar y, además, la compensación que pedían por la libertad del jugador era desorbitada. No había precedentes en el baloncesto. Creo que la cifra era alrededor de cinco millones de pesetas.

Algo descorazonado, porque un pago así no estaba en los esquemas del Real Madrid, me decidí a intentarlo y me fui por la tarde a las oficinas del Bernabéu a hablar con el presidente. No estaba en su despacho, según me dijeron, sino en la inauguración de un bingo en la calle Rosario Pino. Los bingos se habían autorizado recientemente por primera vez y el promotor de uno de ellos había llegado a un acuerdo con el Real Madrid para asociar el nombre de la sala al del club a cambio de alguna compensación, que era especialmente bienvenida en esos tiempos en que los clubes vivían de las taquillas y muy poquito de los escasos derechos de televisión pagados por la única cadena que emitía, la pública.

¿Se puede uno imaginar lo que era pedir un desembolso de cinco millones de aquella época por un jugador de baloncesto? Ni siquiera por uno que ya estuviera consagrado pedían ese dineral. Aun así, me encaminé, junto con José Luis López Serrano, persona que estuvo siempre a mi lado en el intento de fichar a Fernando Martín, al local del bingo donde se estaba celebrando un cóctel de inauguración, con la directiva al completo acompañando al presidente. Conseguí al cabo de un rato acercarme a él y, tras unas palabras escuetas de cortesía, le dije que necesitaba hablar con él de un asunto.

Me cogió del brazo, preguntó por una salita donde poder estar solos los dos y nos metimos en ella. Me disculpé por el asalto, le expliqué lo importante que sería para el equipo contar con ese chico joven del Estudiantes que nos había impresionado y que pensábamos que haría grandes cosas en el futuro, y justifiqué la urgencia para evitar que se comprometiera con otros equipos. Además, podría venirse con nosotros al Campeonato del Mundo de Clubes que se jugaba pocas semanas después en Brasil. Y le reconocí que había una dificultad: el dinero. Costaba mucho, le dije, y era consciente de que la economía del club estaba solo regular. Me preguntó cuánto era esa cifra. Su cara, sin hablar, lo dijo todo cuando la escuchó. Con gesto preocupado me preguntó si era realmente un jugador tan bueno y tan importante para hacer del Madrid un equipo ganador. Se lo reiteré.

Don Luis estuvo un instante pensativo. Se dirigió a la puerta e hizo llamar a los miembros de la Junta Directiva para que se unieran a nosotros en la salita. Cuando los tuvo ante él les expuso lo que yo le había explicado sobre el jugador y la cantidad que pedía su club. Recordó a todos la difícil situación económica del club y que nunca se había pagado una cifra así por un baloncestista. Les añadió que aceptarlo no solo sentaría un precedente, sino que podría tener otros efectos negativos, pero que, como el entrenador lo consideraba muy importante para el equipo, el presidente quería saber y contar con la opinión de cada uno de los directivos.

Me parecía claro que estaba compartiendo con el conjunto de los directivos y en mi presencia las razones por las que mi petición debía ser razonadamente denegada. No había terminado don Luis su intervención, sin embargo. Antes de iniciar la ronda de opiniones expuso que, como presidente que era, se consideraba obligado a ser el primero en manifestar su posición. Y que esta era a favor de la contratación.

No me lo podía creer. A continuación, preguntó uno por uno a los miembros de la Junta. Todos, uno a uno, estuvieron de acuerdo con el presidente. Fernando iba a ser jugador del Real Madrid. El acierto de la decisión no tardó en confirmarse. Incorporado con nosotros ya en la primavera de 1981 al terminar la competición nacional, se vino a jugar ese primer Campeonato del Mundo de Clubes en Sao Paulo a finales de junio y primeros de julio, que ganamos, derrotando a todos los participantes, incluido el equipo local, el Sírio, en la final. Fernando fue ganando minutos de juego y protagonismo rápidamente. Y marcó 50 puntos en el primer partido en que formó parte del quinteto inicial. En la temporada siguiente, 1981-1982, con apenas veinte años, fue declarado el mejor jugador de la ACB.

No. Evidentemente no nos habíamos equivocado. Ni nosotros, al ver en él lo que podía aportarnos, ni don Luis al darnos su confianza y hacer suya una decisión como la que respaldó. Una decisión de riesgo, sin duda. También una decisión de las que hacen que un club sea ganador. Los siete años de la presidencia de don Luis de Carlos, entre mayo de 1978 y mayo de 1985, fueron los de potenciación de la plantilla y de fidelidad a un modo de juego que permitió al equipo consolidarse en la cima del baloncesto europeo.

El Real Madrid ya era antes uno de los equipos importantes de Europa. Con Pedro Ferrándiz como entrenador, hasta que me dio el relevo en verano de 1975, después de haber sido su ayudante, habíamos reunido un conjunto extraordinario de jugadores, unidos dentro y fuera de la cancha, que competía con todos los equipos europeos de entonces. A las primeras estrellas de mi época como jugador en la segunda mitad de los 60: Emiliano, Sevillano, el americano Burgess... se fueron sumando jugadores excepcionales al entrar en los 70 que tomaron su relevo: Vicente Ramos, Luyk, Brabender, Cabrera, Rullán, Cristóbal, Prada, Walter Szczerbiak...

Todos ellos siguieron dando alegrías al club y a la afición porque se fueron acercando a los mejores. En España, en las competiciones nacionales, el balance era espectacular. Cuando llegó De Carlos a la presidencia el Real Madrid había ganado 20 de las primeras 23 ligas nacionales. En Europa el éxito también era notable. Había ganado la Copa de Campeones de Liga en seis ocasiones: cuatro casi seguidas a mediados de los 60 (1964, 1965, 1967 y 1968), una quinta en 1974 (con el joven Corbalán encestando dos tiros libres decisivos, respondiendo a la confianza que Ferrándiz puso en él) y la sexta en Múnich frente al Mobilgirgi, dos meses antes del fallecimiento de Bernabéu, que participó de las celebraciones y los homenajes.

Difícil era superar esa realidad. Pero se consiguió en los años de la presidencia de Luis de Carlos. En el equipo continuaban los jugadores más jóvenes: Brabender, Rullán, Corbalán, Prada... Se fueron retirando, sin embargo, los que les precedían en edad: Vicente Ramos, Luyk, Paniagua... y se fueron incorporando en su lugar nuevos jugadores. La mayoría proceden de la cantera: Romay, Juanma López Iturriaga, Llorente, Beirán, «Sammy» Puente, «Indio» Díaz... Junto a ellos se fichó a otros selectivamente escogidos, como el recordado Fernando Martín, Pep Cargol, Biriukov o Del Corral.

A todos ellos se suman por primera vez figuras europeas como Delibasic y Dalipagic, que, ahora sí, ven al Real Madrid como el equipo en el que podrán conseguir todos los triunfos que buscan y quieren formar parte de un club serio en el que les gusta estar. Las renovaciones se fueron haciendo paulatinamente. Con naturalidad y con aceptación tanto de los que salían, los Luyk, Vicente Ramos, Cabrera, Cristóbal, Brabender... como de los que seguían, y dando un ejemplo a los que se incorporaban. Así fue posible una continuidad en el espíritu del grupo y elevar un poco más cada año el nivel de juego.

La salida de Fernando Martín a la NBA, primer jugador español que lo consiguió, fue otro ejemplo de cómo actúa una casa señorial y de cuán rentable resulta finalmente. Así fue el Real Madrid bajo la presidencia de don Luis de Carlos. Cuando Fernando acabó su experiencia en la NBA volvió a su casa, el Real Madrid.

Una manifestación de la mejora en el nivel de juego está en que en esos años se jugó por primera vez contra profesionales de la NBA. Lo hicimos en un torneo amistoso organizado para celebrar las bodas de oro de la creación de la sección de baloncesto. Participó un equipo formado por jugadores en activo de renombre en la NBA: McHale, Gilmore, Richardson... bajo la dirección del entrenador de San Antonio, en un triangular con el Partizán de Belgrado y nosotros. Nunca hasta entonces, que yo sepa, el Madrid había jugado contra jugadores de la NBA.

Don Santiago Bernabéu había impuesto en el Real Madrid un signo de identidad: sin dejar de exigir a cada uno lo mejor de sí y de exigir a la propia institución el contar en cada momento con los mejores, debía mantenerse siempre un trato entre el club y los jugadores que fuera respetuoso en las formas y considerado en cuanto a la persona. Todos debían respetar los criterios claros y transparentes del club, como un comportamiento deportivo en la cancha de juego y honorable fuera de ella, y un reconocimiento de que el club y el equipo eran, siempre, más importantes que el jugador individual. Se trataba de un signo de identidad del Madrid que don Luis de Carlos no solo preservó, sino que reafirmó, si cabe, aún más.

Recuerdo un detalle suyo en un partido en el Pabellón al que asistió. No lo hacía casi nunca. Se trataba de un partido no demasiado complicado *a priori*. Creo recordar que contra el Benfica de Lisboa. No, no fue el partido en que Williams, el pívot del Maccabi, saltó a la grada de nuestro Pabellón para perseguir a un espectador que le había arrojado un mechero a la cabeza y, gracias a Dios, detrás de él subió inmediatamente Perry, el otro pívot del Maccabi, que cogió a Williams en peso y lo arrojó, volando por encima de la valla, de vuelta a la cancha.

Ganamos con mucha holgura, por más de 20 puntos. Pero a mí no me había gustado cómo habíamos jugado. Se me veía en la cara.

El presidente debió de darse cuenta cuando nos retirábamos al vestuario. Minutos después entró en el vestuario. Eso sí que no lo había hecho nunca antes. Respetaba lo que debía hablarse allí entre nosotros. Ese día vino y se dirigió a los jugadores felicitándoles por el resultado.

A continuación, se dirigió a mí y me señaló que, con toda modestia porque él no sabía nada de baloncesto, le había parecido que no se había jugado del todo bien, con la alegría y la brillantez de otras veces, y que si esa era también la impresión del equipo y del entrenador. Le dije que no estábamos satisfechos, aunque se hubiera ganado por tanta diferencia. Que no debíamos nunca dejar de jugar lo mejor posible, por amplio que fuera el resultado. Porque a eso obligaba la camiseta de quienes llevaban la del Real Madrid. Entonces, habiendo escuchado él y todos los jugadores lo que yo había dicho, y dándole su respaldo con su presencia, don Luis se despidió de nosotros para que pudiéramos hablar, nos dijo, como suponía que hacíamos después de cada partido.

Su mensaje quedó claro en la mente de todos. Éramos el Real Madrid y no era suficiente ganar si podíamos haber jugado mejor. No eran palabras huecas de lo que exigía el club. Lo vimos manifestado esos años en dos ocasiones concretas con claridad. Una en fútbol y otra en baloncesto. En 1980, la final de la Copa del Rey de fútbol enfrentó en el estadio Bernabéu al Real Madrid con el Castilla, su equipo filial, donde jugaban Agustín, Ricardo Gallego y otros futbolistas que más tarde llegarían al primer equipo. Siendo equipo de segunda se había plantado en la final de Copa. Como filial que era del Real Madrid no podía competir en la misma división, en primera. Una limitación que se padeció dos años después, en 1982, cuando el Castilla de la Quinta del Buitre quedó primero en esa segunda división y no pudo ascender. El partido lo ganó el Real Madrid. El resultado: 6-1. No una victoria moderada, frenando la paliza una vez alcanzada una ventaja cómoda. No. Hasta 6 goles metieron al filial y no bajaron la intensidad. Nadie lo cuestionó. El equipo había hecho lo que debía: jugar sin contemplaciones y ganar por el resultado más amplio posible. Esa, y no otra, era, además, la manera de manifestar respeto a los jugadores del Castilla. Espíritu del Real Madrid en estado puro.

Otra prueba, esta de resultado inverso para mi disgusto, fue nuestra eliminación el año anterior, 1979, en semifinales de la Copa del Rey de baloncesto por el Tempus, un equipo que Saporta había puesto en la órbita del Real Madrid con su propio patrocinador, para que en él se fogueasen los buenos jugadores de la cantera de 1959 una vez superada la edad de jugar como *juniors*. Muchos de los que luego llegaron al primer equipo pasaron por allí: Beirán, Romay, Llorente, «Indio» Díaz, Del Corral... Ascendido a primera un año antes, el Tempus alcanzó las semifinales en la Copa y el sorteo nos hizo enfrentarnos. Debilitados nosotros con algunas bajas por lesión, el Tempus, nuestros *juniors*, nos eliminó y nos excluyó de la final. No hubo condescendencia de los jóvenes con sus mayores. Ellos, formados en la cantera, tenían interiorizado el espíritu de la casa.

El estilo tenía un reflejo que hoy puede parecer anacrónico en el funcionamiento interno del grupo, pero que sigo considerando una clave del éxito. Incluso actualmente, con la mayor profesionalización del deporte, tengo la impresión de que sigue siendo un espíritu que está vivo en los equipos de la casa, tanto de fútbol como de baloncesto, y que en él sigue estando una de las explicaciones de los triunfos que se consiguen. Me refiero a la conciencia de todos los que hemos formado parte de la casa madridista de que lo importante es el equipo y el club. Por encima de los jugadores individuales. No importa cómo sean de importantes en el juego.

Una manifestación complementaria es el reconocimiento de la autoridad de los más veteranos y de quienes mejor encarnan los valores de la institución. Por encima de su relevancia deportiva. Quienes no lo sienten así no encajan igual de bien en la casa, ni se sienten cómodos, ni llegan a dar de sí todo lo que podrían ofrecer asumiendo ese espíritu. Miro al equipo actual de baloncesto y veo que ese espíritu está presente. Y creo que debemos reconocer a don Luis de Carlos que, en esa transición que presidió tras dejarnos don Santiago, confirmara ese espíritu y esos valores como una característica distintiva, esencial e irrenunciable del Real Madrid. Porque esa confirmación ha consolidado la base de los triunfos del club.

Presenciar los partidos en el Pabellón de la Ciudad Deportiva era un espectáculo. La atmósfera que se vivía era verdaderamente mágica. Las gradas al borde de la pista a medio metro de altura. Los carteles metálicos delante de la barandilla golpeados a modo de tambores para animar al equipo. El rugido de satisfacción del público con las buenas jugadas y las canastas decisivas, o de reprobación de las decisiones arbitrales no compartidas. El humo de los fumadores atravesado por la luz de los focos. Las tablillas oscuras y pequeñas del parqué. El Pabellón era un templo del baloncesto. Comprendo que este deporte exija hoy día recintos como el Palacio de Deportes, pero no puedo dejar de añorar esa experiencia iniciática que se vivía al asistir a un partido contra la Cibona de Petrovic, el CSKA de Sergei Belov, el Maccabi de Berkowitz y Perry, o el Ignis de Dino Meneghin.

Don Raimundo Saporta, don Raimundo, simplemente para nosotros, continuó siendo el «patrón» de referencia del baloncesto durante la presidencia de don Luis de Carlos. No me explico cómo lo consiguió. Además, sin ocupar un cargo en el club. Ciertamente era un hombre con una cabeza y una capacidad de gestión fuera de lo común. El encargo que le había hecho el Gobierno de organizar el Mundial de Fútbol de 1982 habría absorbido y desbordado a cualquiera. No podía haber una misión más difícil en un país que se despertaba varios días cada semana con el horror de actos terroristas, con un sistema político nuevo: la Constitución se había aprobado seis meses después de que se iniciara la presidencia de don Luis, en diciembre de 1978. Con unas comunidades autónomas que reclamaban competencias. Un país que hacía poco más de un año había presenciado por televisión un golpe de Estado con tiros en el Congreso. Una nación que vivía con pasión y con confrontación cualquier decisión colectiva que se fuera a tomar, y no eran pocas en la organización de un Mundial de fútbol, con el resto del mundo atento a lo que hacíamos aquí.

Saporta, siempre genial y desinteresado, logró que el Mundial y todo lo que conllevaba de obras y de organización se preparase bien y estuviera listo a tiempo. Y que la competición se desarrollase de modo ejemplar, sin violencia ni incidentes. Fue un gran logro para España, que nos permitió proyectar al mundo la imagen de que éramos ya un país distinto de antes y merecíamos respeto. La tarea no absorbió a don Raimundo con una dedicación exclusiva. No me explico cómo, pero siguió siendo, desde fuera de la estructura del club, la referencia y la guía de nuestra sección de baloncesto. Siempre con visión a largo plazo, atento a lo que veía fuera que pudiera ser de valor para incorporarlo a nosotros y dispuesto a realizar los cambios que nos mejorasen.

A él se debe en esos años la continuidad del Torneo de Navidad, con El Corte Inglés como nuevo patrocinador en sustitución de Philips; la incorporación del Tempus al que antes me he referido, y que luego pasó a llamarse Inmobanco, como equipo satélite de formación de jugadores de nuestra cantera; y la continua profesionalización de los medios del club al servicio del equipo.

Además, Saporta continuó siendo vicepresidente de la Federación Internacional de Baloncesto (FIBA) y promoviendo la renovación constante de las competiciones y de las reglas de juego, con cambios como la introducción de los *play-offs*; la regla 3 x 2 en tiros libres por faltas personales en acción de tiro; la línea de 3 puntos que ya se había aplicado por la NBA; o las prórrogas en caso de empate en lugar de un tercer partido. El baloncesto y, en particular, nuestra sección, continúa debiendo mucho a don Raimundo.

Otras dos personas formaban parte inseparable de la memoria de aquellos años: Paco Amescua, delegado del equipo, llegado unos pocos años antes al club como estrella del béisbol para formar parte del equipo de ese deporte que entonces tenía el Real Madrid, y José Luis López Serrano, con su dominio de no se sabe cuántos idiomas y que se ocupaba de toda la organización de la sección. Fueron dos personas de una lealtad infinita a la casa, entregadas a su misión, que soportaban nuestras bromas y también nuestras quejas. Contribuyeron a que el grupo funcionara con orden y estuvieran presentes en todo momento los valores del club que se nos exigía aplicar a quienes formásemos parte del equipo.

La cantera fue otro elemento a destacar. En aquellos años tuvo una fertilidad que no creo que se haya dado en ninguna otra época. Cuántos jugadores formados en la casa se incorporaron al primer equipo esos años. Y cuánto contribuyeron a que nuestro espíritu fuera el característico del Real Madrid. Nos traíamos a los mejores jóvenes que veíamos en cadetes, juveniles o *juniors* en colegios o clubes. Había muchos surgidos de la difusión que había tenido el minibasket desde primeros de los 70 y de las «operaciones altura». A los que venían de fuera de Madrid los instalábamos en pensiones donde convivían austeramente con otros jugadores y forjaban relaciones de amistad entre ellos. Los entrenadores eran también tutores. Se facilitaba cursar los estudios fijando horas de entrenamientos. Teníamos médicos, ingenieros, economistas, abogados... Y todos se empapaban del espíritu del club.

Lo que conseguimos esos años en el Real Madrid de baloncesto tuvo una especial notoriedad y cautivó a los aficionados, viejos y nuevos, porque tuvimos rivales que también crecieron con nosotros en calidad y competitividad. En España teníamos, naturalmente, al Barcelona con Epi, Sibilio, Solozábal, Norris, Flores... Los partidos contra ellos eran siempre de gran intensidad. Excesiva en más de una ocasión, con enfrentamientos entre los jugadores y entre los dos clubes. La presión de las aficiones en el Palau y en el Pabellón en cada enfrentamiento entre nosotros era altísima. Las chispas saltaban a menudo y con fuerza.

En 1983 el Real Madrid se negó a jugar en Barcelona una semifinal de la Copa del Rey por ser fieles al compromiso que se había contraído por todos los clubes de no jugar contra el Barcelona por su postura unilateral contraria al interés colectivo en relación con las retransmisiones de los partidos por televisión. Nos costó la eliminación en la Copa. Al año siguiente, 1984, fue el Barcelona el que se negó a jugar contra nosotros el partido de desempate de la final de la primera liga ACB, por calificar de injustas las sanciones que había impuesto el Comité de Competición a unas agresiones que se habían producido en el partido previo en las que, por nuestro lado, participaron Juanma y Fernando Martín.

No solo estaba el Barcelona como rival en España. El Juventud de Badalona era esos años un magnífico equipo, que se nutría de una gran cantera propia y que alcanzó su mejor nivel de juego con Slavnic, el maravilloso base yugoslavo titular en su selección. Nos ganaron en más de una ocasión. Y también el Estudiantes y el CAI de Zaragoza, los cuales también conseguían ocasionalmente derrotarnos. El CAI llegó, incluso, a ganar la Copa del Rey.

En Europa se produjo una concentración de los equipos ganadores. En los años previos los partidos contra equipos de muchos países europeos tenían un resultado incierto. Aún subsistía Yugoslavia como país único y el Telón de Acero, y en todos estos países había equipos que podían ganarnos. No éramos mejores y, sobre todo, no disponíamos de pívots como los suyos para disputarles los rebotes y frenar su juego interior.

Por fin, en los años a los que nos estamos refiriendo, eso empezó a cambiar. Romay se incorpora y se suma a Rafa Rullán y al pívot americano que solíamos tener en la plantilla, Meister, Robinson u otro. En aquellos años solo se podía alinear a un extranjero en la competición nacional y a otro más, dos en total, en las europeas. Entonces empezamos a igualarnos en potencia de nuestros pívots y fue posible desplegar toda la potencia de nuestro modo de jugar.

Por fin nos incorporamos a la élite más selecta de los mejores equipos europeos. Ya no éramos competidores que se igualasen con checos, polacos, húngaros, holandeses o austriacos. Si una década antes todos eran un desafío para nosotros, ahora los superábamos con holgura. Nuestros rivales eran los rusos del CSKA y del Zalgiris; los yugoslavos del Partizán y la Cibona; los italianos de Milán y de Varese y los israelíes del Maccabi. Esa era la primera división de la «Liga» europea, a la que nos habíamos incorporado indiscutiblemente. Éramos el único equipo español que estaba ahí. El Barcelona solo de vez en cuando llamaba a la puerta y luego salía. Y de todo el grupo éramos el equipo que más victorias y trofeos conseguía. Los partidos contra esos grandes equipos europeos eran preciosos y siempre muy competidos. La expectación que generaban era grande. La victoria pocas veces era clara a favor de uno o de otro. Los marcadores se movían ajustados e inciertos hasta el final.

La época esplendorosa que vivimos en el Real Madrid coincidió con el ascenso de la selección española a los cielos del baloncesto internacional. En buena medida, por la contribución de nuestros jugadores al equipo nacional. La medalla de plata en las Olimpiadas de Los Angeles de 1984 fue el hito cumbre de esa progresión. España entera vivió con incredulidad, con admiración y con una enorme ilusión lo que nuestro equipo estaba consiguiendo. Un equipo en el que la mitad de sus integrantes eran jugadores nuestros: Corbalán, Llorente, Juanma López Iturriaga, Beirán, Fernando Martín y Romay. Los otros seleccionados eran tres del Barcelona: Solozábal, Epi y De la Cruz; dos del Juventud, José María Margall y Andrés Jiménez, y uno del CAI Zaragoza, Fernando Arcega.

Nunca hasta entonces había estado nuestro baloncesto nacional en ese nivel. Llegó en esa Olimpiada al Olimpo y desde entonces se ha mantenido en el pequeño grupo de candidatos a todos los campeonatos. Solo un escalón por debajo del equipo estadounidense y subiéndose a las barbas de estos en alguna ocasión, pongamos que hablo de los Juegos de Londres 2012, por ejemplo.

Lo que hoy vemos y disfrutamos con los equipos españoles y con nuestra selección en todos los campeonatos de Europa, Mundiales y Olimpiadas en las que participamos, aspirando con realismo a ganarlos, es algo a lo que nos hemos acostumbrado. Fue entonces cuando empezamos por primera vez a verlo. En esos años preciosos de finales de la década de los 70 hasta mediados de los 80, con Luis de Carlos en la presidencia del club y con nuestra sección de baloncesto convertida en uno de los grandes equipos del mundo.

El Torneo de Navidad continuó siendo en ese tiempo una fiesta singular y maravillosa del baloncesto. Cada año atraía a grandes selecciones nacionales: URSS, Yugoslavia, Cuba...; universidades americanas, como la de North Carolina, entrenada por el legendario Dean Smith y que traía como jugador a George Karl, curiosamente años más tarde entrenador del Real Madrid; combinados americanos; equipos de Europa o Sudamérica y también equipos españoles. Las tres jornadas de la competición se celebraban los días 23, 24 (Nochebuena) y 25 (Navidad), con dos partidos de cada día, el primero hacia las cinco de la tarde y el segundo a las siete. Atraían a espectadores que llenaban el Pabellón y a muchos más que presenciaban, rodeados de sus familias en esas fechas especiales, los partidos por televisión. El Torneo formaba parte en muchas casas de la tradición navideña.

Los equipos participantes se entregaban en busca de la victoria. El orgullo por el triunfo era enorme. Y mayor aún nuestro enfado en caso de no conseguirlo. No siempre lo ganábamos, a pesar de buscar siempre la victoria como si fuera el trofeo más importante. Pero no era fácil. Venían a jugar equipos que, de no ser por el Torneo, no hubiéramos visto en Madrid. Como la colección de estrellas que traía la selección soviética (1979, 1983, 1984) y jugadores excepcionales, como Oscar Schmidt, el extraordinario alero brasileño (1980).

No estuvo mal, no, el palmarés de esos siete años. Cinco Ligas ganadas de las siete jugadas. En la Copa de Europa cinco participaciones —había que haber ganado la Liga nacional o la propia Copa de Europa el año anterior para competir por ella— y la ganamos una, la séptima en total, en Berlín occidental frente al Maccabi. Dos participaciones más en la Recopa de Europa —había que ser el ganador de la Copa nacional y no serlo de la Liga—, ganando una de las dos en Ostende frente al Simac de Milán. Por cierto, la primera vez que ese trofeo se conseguía por un equipo español. Y también fuimos campeones del primer y único Campeonato Mundial de Clubes organizado en esos años, el de Brasil, donde Fernando Martín se alineó por primera vez con nosotros. A todos estos títulos oficiales tenemos que sumar tres de los siete Torneos de Navidad que jugamos, siendo el otro gran campeón la selección de la URSS, vencedora otros tres años. Esto da idea del nivel que tenía el Torneo. También de cómo nos enrabietaba cada derrota, moviéndonos a invitarles de nuevo al año siguiente para ganarles.

Ese era el espíritu de nuestro equipo, fiel a lo que había sido, seguía siendo y es todavía hoy el espíritu del Real Madrid. Recuerdo con añoranza esa época dorada, de la que don Luis de Carlos fue indiscutiblemente un protagonista decisivo y que le convirtió en un gran seguidor del equipo de baloncesto, porque en él veía ese espíritu y esos valores que siempre quiso para su Real Madrid.

Como un padre para mí

Por Gerardo Andrés Tocino*

Son muchos los capítulos que puedo relatar de mi relación con don Luis de Carlos, la persona que más consejos me dio para el buen funcionamiento de la peña y, lo que para mí es mucho más importante, a nivel personal. Por entonces, el delegado de Secciones y director de la Comisión Reguladora de Peñas, como se denominaba en esa época, era don Laurentino Pérez Manso, y cada vez que le hacíamos una petición llamaba al presidente para comunicársela y pedir consentimiento.

Antes yo había formado la peña madridista Las Banderas (2 de diciembre de 1977), aglutinando toda la animación en el Fondo Sur del estadio Bernabéu. La inauguración fue el 27 de marzo de 1978, con la presencia de don Santiago Bernabéu. A su fallecimiento ocupó el cargo don Luis de Carlos, estando presente ya en el primer aniversario el día 9 de abril de 1979. Este día marcó un antes y un después en nuestra relación y ratificó las palabras que un día me dijo don Santiago Bernabéu: «Al Real Madrid hay que darle todo a cambio de nada».

El 29 de mayo de 1978 nos jugábamos el pase a la final de la Copa del Rey de baloncesto. Habíamos perdido en Badalona (102-86). Nada menos que 16 puntos de diferencia que teníamos que enjugar en nuestro Pabellón de Deportes de la Ciudad Deportiva, con un ambiente caldeado al máximo y Slavnic provocando a todos los

---

* Presidente de la peña La Gran Familia.

aficionados merengues, hizo que nadie se resistiera a dar el máximo para aupar al equipo. Poco a poco fuimos igualando la eliminatoria para terminar el partido 114-98. Con 16 puntos de ventaja nos enfrentábamos a la prórroga, donde ocurrió de todo, hasta que Serra, el entrenador rival, pidió tiempo muerto a falta de dos minutos. Nuestra peña madridista Las Banderas estaba detrás del banquillo. Entonces atamos una bolsa de polvos pica-pica a mi bandera y al ondearla los polvos rociaron todo el banquillo. Todos los jugadores del Juventud comenzaron a estornudar y sus ojos rojos empezaron a llorar. Serra hizo el tiempo muerto al otro lado del Pabellón, quejándose a los árbitros por lo sucedido. Al final ganamos el partido 132-109, 23 puntos que nos clasificaban para la final de la Copa del Rey.

Al día siguiente salió en la prensa que el Real Madrid era sancionado con cinco mil pesetas de multa por malas prácticas de sus aficionados. Cogí cinco mil pesetas y me fui a hablar con don Laurentino Pérez Manso. Me subió al despacho de don Luis de Carlos y me hizo recapacitar sobre el acto que había cometido. «No es lo peor lo que has hecho, que está muy mal, lo peor es que si habías comprado los polvos pica-pica es porque los ibas a utilizar, y eso sí que es una cosa fea». Le quería dar las cinco mil pesetas y no me las aceptó. Llorando abandoné el despacho con don Laurentino Pérez Manso, que me dijo: «Gerardo, no te preocupes tanto, deja de llorar, hemos ganado y era lo importante, ya sabes cómo es el presidente, todos los actos que no son buenos siempre los va a recriminar, bastante peor se portan ellos cuando vamos a Badalona».

El 27 de marzo de 1980 nos enfrentábamos en Berlín, en la final de la Copa de Europa, al Maccabi Tel Aviv. Fuimos en autocar, atravesando la Alemania del Este y llegando al Muro de Berlín, que también teníamos que pasar. Fueron cuarenta y cinco horas de autocar para poder ver a nuestros ídolos y don Luis de Carlos premió nuestro esfuerzo, invitándonos antes y después del partido al Hotel Berlín, donde estaba concentrada la expedición y donde pudimos disfrutar de la compañía de todos los jugadores.

Lo que más me marcó personalmente fue la importancia que dio a nuestro grupo. Nos juntó en una sala del hotel a todos los jugadores y Lolo Sainz, a Edilberto Martínez (Tiri), que me había ayudado en la organización y a mí, tomó la palabra y dijo: «Ganar esta Copa de Europa es importantísimo para el club, sabéis que hay dudas en mantener la sección; para vosotros es importantísimo a nivel personal ser Campeones de Europa, pero tenemos que ganar por el autocar de aficionados que han venido desde Madrid para llevarse una tremenda alegría». Aquello fue una muestra de gratitud hacia el socio en general y de generosidad hacia unos humildes aficionados.

La sección de voleibol del Real Madrid se clasificó para la final de la Copa del Rey, que se celebraba en Burgos los días 7 y 8 de junio de 1980. Organizamos un desplazamiento al que no respondieron muchos socios, pero los treinta que estuvimos supimos decantar a los aficionados locales hacia nuestro equipo. La final se ganó al C. V. Salesianos y al final del partido don Laurentino Pérez Manso se acercó a mí y me dijo: «He estado hablando con el presidente, le he contado vuestra implicación en el partido y me ha dicho que os diera diez mil pesetas para invitaros a comer».

Yo alucinaba. Le di las gracias, cogí el dinero y nos fuimos a comer. Una vez en el restaurante conté lo acaecido y por unanimidad quedamos en devolver el dinero. El lunes quedé con don Luis de Carlos en el Bernabéu, le di las gracias nuevamente y le devolví el dinero. Me contestó: «Es un acto que os honra, no sabía cómo daros las gracias por ser los únicos aficionados que nos habéis ayudado en un partido muy complicado, pero recuerdo las palabras que salieron en la comida de vuestro primer aniversario: "Al Real Madrid hay que darle todo a cambio de nada" y pensé que con esa invitación compensaba vuestro esfuerzo». Me pidió perdón y yo me sentí fatal por haberle devuelto el dinero.

El 10 de octubre de 1982 fue reelegido presidente. Como siempre hubo cosas extrañas entre las candidaturas. El doctor Diéguez, al ver que era imposible ser presidente, le propuso a don Luis de Carlos que le diera tres vocales en su directiva y entonces pedía el voto a su favor. Ante la negativa de don Luis, cinco días antes retiró su candidatura y a modo de pataleta pidió el voto para Ramón Mendoza. Don Luis de Carlos nos juntó en la Sala de Trofeos del estadio, para contarnos de primera mano todo lo acaecido, sintiéndose muy triste por la manera de actuar de las personas que querían representar a nuestro club.

Cronológicamente, el 14 de marzo de 1984 jugábamos la final de la Recopa de Europa de baloncesto en Ostende. No pudimos acercarnos al hotel de concentración ya que nosotros estábamos hospedados en Bruselas y cuando llegamos al Koninginnelaan (así se llamaba el pabellón donde se jugó el partido), coincidí en el pasillo con don Luis y me dijo: «Cuando termine el partido quedaos, que intentaré acercarme a vuestra localidad». El partido terminó 82-81 a nuestro favor y don Luis de Carlos y los jugadores se acercaron a nosotros con el Trofeo para poder hacernos fotografías con ellos. Hasta nos dejaron el trofeo, que era de cerámica, y solo me dijeron: «Gerardo, disfrutad de lo que hemos ganado con tanto trabajo, pero tened cuidado que si se cae se rompe».

El 22 de mayo de 1985, jugaba el Real Madrid la final de la Copa de la UEFA contra el Videoton y don Luis de Carlos comunicó en los medios de comunicación que dejaba el cargo. Si de bien nacidos es ser agradecido, propuse en la peña que teníamos que hacer una pancarta tremenda dando las gracias al presidente por su gestión. Compramos la tela, la pintura, las brochas y en el pasillo de lateral, donde por aquel entonces se aparcaban los coches, nos pusimos manos a la obra. Pero llegó el gerente, Manuel Fernández Trigo, nos vio y no le pareció bien, por el dichoso agravio comparativo con las demás peñas. Dijo a Julio Casabella, delegado de Campo, que nos echara del estadio.

Esto no amedrentó nuestra ilusión y nos pusimos a seguir pintándola en la acera de la puerta 42, con tan buena suerte que pasó don Luis en el coche por Concha Espina con el chófer y nos vio. Enseguida preguntó a Julio Casabella qué hacíamos y este le contó lo que había sucedido. A la media hora apareció el delegado con unos bocadillos y unas cervezas de parte del presidente. La pancarta se colgó en el primer anfiteatro, en el córner de Concha Espina con Padre Damián, y decía: «Don Luis, gracias por todo». Todos los periódicos se hicieron eco de la misma preguntando al presidente por ella. Don Luis de Carlos les contestó: «Agradezco el gesto que han tenido los que la han escrito. Siempre es agradable que a uno le digan esas cosas, con esta pancarta me considero pagado de todos los esfuerzos y trabajo que he hecho por el club en estos años de mandato».

Después tuve la suerte de formar parte de la comisión del homenaje que le dimos las peñas y don Luis, en agradecimiento, nos invitó a comer. Estuvimos en su casa el día 8 de febrero de 1986. Le pedí que inaugurara nuestro Libro de Oro, a lo que accedió con mucho gusto, poniendo la siguiente dedicatoria: «A la peña madridista La Gran

Familia, a la que quiero aprovechar esta oportunidad para mostrar mi agradecimiento por aquella pancarta que exhibió públicamente con motivo de la final europea, lo que nunca olvidaré, con un muy apretado abrazo a toda la peña».

Creo que es la mejor forma de terminar este capítulo. Don Luis nos dio un apretado abrazo a toda la peña, extensivo a todas las demás peñas, y yo le doy otro muy grande. Muchas cosas que él me dijo también me las dijo mi padre, pero no es lo mismo que te lo diga tu padre a que te lo ratifique el presidente del Real Madrid. En muchos casos a tu padre no le haces caso, pero siempre fui obediente a lo que me dijo don Luis de Carlos, que fue como un padre para mí.

La peña presidente Luis de Carlos

Por Gonzalo de Carlos Martín-Lagos[*]

Quisiera comenzar este capítulo señalando que para los madridistas es importante recordar a todos los que, con su trabajo y esfuerzo, ayudaron a construir la historia del Real Madrid... Esa que hoy disfrutamos con los repetidos éxitos de nuestro querido «Madrí».

Una de esas personas fue mi abuelo: don Luis de Carlos.

Socio desde el año 1942, pasó a ser directivo de la mano de don Santiago Bernabéu en 1956, y de ahí a presidente del club desde el año 1978 hasta 1985. Más de treinta años dedicados al Real Madrid... Toda una vida de madridismo.

Tuvo la difícil tarea de suceder en la presidencia a un mito, reto que asumió en un acto de valentía y responsabilidad con el madridismo.

Durante su mandato —hasta 1985— el Real Madrid logró importantes títulos, consolidando su posición como uno de los más grandes y reconocidos del fútbol español y europeo. 2 Ligas españolas, 2 Copas del Rey y una Copa de la UEFA, y la sección de baloncesto ganó 5 Ligas, una Copa de Europa, una Recopa y una Intercontinental. Este fue el resultado de su gestión deportiva y la de su Junta Directiva. Supo rodearse bien.

Pero tan importante o más que los logros deportivos fue la visión de futuro que en aquel contexto económico y social tuvo Luis de Carlos. Contribuyó al crecimiento y la modernización del club, sentando los cimientos sobre los que se ha construido su historia hasta nuestros días.

---

[*]   Nieto de Luis de Carlos Ortiz y presidente de la peña Presidente Luis de Carlos.

En una época de grandes cambios económicos, sociales y deportivos, Luis de Carlos jugó un papel clave, implementando una gestión novedosa a la vez que respetuosa con la iniciada por su maestro, don Santiago Bernabéu. Así, fue el primero en convocar elecciones democráticas, pelear y conseguir un acuerdo para la generación de ingresos para los clubes derivados de las quinielas. El Real Madrid fue el primer equipo en insertar publicidad en sus camisetas —¡Qué gran escándalo!—. ¿Alguien concibe hoy renunciar a esta fuente de ingresos? Había que tener visión, valor y determinación para ello... Había que entender los tiempos, el futuro y las circunstancias. Había que leer el partido.

Bajo el mandato de Luis de Carlos el estadio Santiago Bernabéu acogió la final del Mundial de 1982. Se aprovechó al máximo esa oportunidad para acometer una reforma acorde con los eventos que vería el «coliseo» de la Castellana, como comenzó a llamarse.

Luis de Carlos fue conocido por su caballerosidad, honradez, educación y señorío. Siempre se esforzó por que estos valores estuvieran presentes en todas las decisiones que se tomaban. Tanto en su etapa como directivo como posteriormente durante su mandato, trabajó incansablemente para mantener una cultura del respeto y la honradez en el club. Valores personales pero también valores inherentes a la identidad del Real Madrid desde su inicio, como así recuerda su himno.

El Real Madrid es conocido por su espíritu competitivo y por su deseo de ser el mejor club del mundo. Luis de Carlos, consciente de la necesidad de mantener y transmitir ese gen, inyectó esta mentalidad en todos los estamentos del club y sus actividades, desde el entrenamiento hasta los partidos y la propia gestión del club.

Mi abuelo, permítanme y entiendan que necesite también dirigirme a él en estos términos, fue un visionario y modernizó el club. Lo hizo preservando la esencia de la institución y su bien más preciado e intangible: sus valores.

La fundación de la peña Luis de Carlos es una forma de devolver parte de lo que nos legó. Es recoger su testigo y transmitirlo a futuras generaciones, reconociendo y honrando su legado. Es una plataforma para preservar su memoria, su contribución al club y a la historia del madridismo.

Una peña demuestra la importancia de la cultura y el sentido de pertenencia en torno a un equipo deportivo. Los aficionados son una parte vital de cualquier club. Nosotros, los aficionados y peñistas, nos hemos conectado al legado de Luis de Carlos y a la historia del Real Madrid.

Y sí, también somos unos egoístas: nos unen y nos mueven los torneos deportivos, una buena tertulia futbolera con mesa y mantel, los viajes siguiendo a nuestro Madrid en diferentes partidos por España y Europa... Nos une celebrar, nos une disfrutar. ¡Convendrán conmigo en que no pudimos elegir mejor tiempo y equipo!

El 22 de febrero de 2018 inauguramos en el Hotel Wellington la peña Presidente Luis de Carlos. El evento reunió a familiares y amigos madridistas en torno a la figura de mi abuelo. En representación del club asistieron **Eduardo Fernández de Blas**, vicepresidente segundo del Real Madrid, **Manuel Redondo**, director del Gabinete de Presidencia, **Emilio Butragueño**, director de Relaciones Institucionales y **Manuel Gómez**, director de Peñas. Contó también con la presencia de veteranos del fútbol y el baloncesto como nuestro recordado **Amancio**, Ricardo **Gallego**, **Clifford Luyk** y **Emiliano Rodríguez**. Gracias a todos ellos desde aquí por ayudarnos en aquel primer impulso.

Muy especial fue la llamada del presidente Florentino Pérez, deseándonos mucha suerte en este nuevo proyecto y mandando un saludo muy cariñoso a todos los presentes.

Es importante recordar que Luis de Carlos fue una figura clave en el desarrollo y la consolidación de las peñas del Real Madrid. Entendió la importancia de estas peñas como un medio para acercar el club a sus seguidores y fomentar la pasión por el Real Madrid, lo que llevó a la creación de peñas en otros países del mundo. Durante su mandato el número de peñas madridistas se multiplicó por más de dos, pasando de 233 a 498.

Trabajó para mejorar la comunicación entre el club y las peñas, y para proporcionarles recursos y apoyo en su labor de difusión del madridismo.

En reconocimiento a su labor con las peñas del Real Madrid, Luis de Carlos recibió varios premios y reconocimientos por parte de estas organizaciones de aficionados, así como de otras entidades deportivas y culturales.

Desde su fundación, la peña ha tenido un impacto significativo en la comunidad madridista, contribuyendo a difundir los valores que

Luis de Carlos y el Real Madrid representan. Hemos logrado involucrar a un gran número de socios madridistas y ayudado a mantener vivo el recuerdo de Luis de Carlos y su legado.

La mera existencia de esta peña es una muestra de cómo el legado de una figura emblemática del Real Madrid puede inspirar a una comunidad a mantener vivo su recuerdo y transmitir sus valores y su cultura. La peña Luis de Carlos es un ejemplo de pasión por el Real Madrid y su poder para unirnos y mantener viva la historia de este club.

¡HALA MADRID!

El foro Luis de Carlos: la reflexión necesaria

Por Enrique Sánchez*

Tengo el honor de formar parte de la Junta Directiva del Real Madrid desde hace más de veinte años, y como madridista amo profundamente a este club. Somos millones de personas en todo el mundo a los que nos une un mismo sentimiento que se nos ha transmitido de generación en generación. Y es por ello por lo que debemos asumir también una gran responsabilidad: la de preservar los valores que han sustentado la historia del Real Madrid.

Y al mismo tiempo, debemos estar eternamente agradecidos a todas las figuras que han ido engrandeciendo la leyenda de nuestro club a lo largo del tiempo. Nombres cuyo compromiso y entrega al Real Madrid son reconocidos por todos los que sienten pasión por este escudo y por esta camiseta.

Estas líneas me permiten expresar mi más profunda gratitud hacia nuestro querido presidente Luis de Carlos, que representó a nuestro club con la grandeza que requería en un momento especialmente trascendente para el Real Madrid y para nuestro país.

Recoger el testigo de un presidente como Santiago Bernabéu era una tarea extraordinariamente difícil. Y Luis de Carlos lo asumió con un talante sereno y con la altura de miras necesaria, que son

---

* Secretario de la Junta Directiva del Real Madrid C. F. y vicepresidente ejecutivo de la Fundación Real Madrid.

indispensables para dirigir el destino de la institución deportiva más importante del mundo.

Su liderazgo al frente del Real Madrid coincidía con una de las páginas más apasionantes de la reciente historia de España. Una España que iniciaba su camino hacia la democracia con ilusión, con esperanza y con el convencimiento de que el debate, la moderación y el talante debían ser esenciales en la construcción de aquella democracia que estrenábamos.

Con ese espíritu y con la necesidad de mostrar el reconocimiento y la gratitud hacia nuestro presidente Luis de Carlos, el presidente Florentino Pérez emprendió un proyecto que hacía justicia a lo que representaba y sigue representando el nombre de Luis de Carlos en la historia del Real Madrid y en la historia del fútbol español. Así nació en el año 2001 el Foro Luis de Carlos.

A lo largo de estas dos décadas, este Foro Luis de Carlos ha querido ser un fiel reflejo de los valores que desprendía uno de nuestros grandes presidentes y unos principios que también marcaban la España de su época. Y lo hemos hecho de la mano de la Fundación Real Madrid, algo que legitima aún más lo que quiere seguir representando este foro de opinión, reflexión y debate.

Desgraciadamente, y debido al ritmo de la sociedad en la que vivimos, dejamos de analizar y valorar las cosas con la perspectiva necesaria. Y es algo que observamos particularmente en el mundo del fútbol, del baloncesto y del deporte. Este Foro Luis de Carlos se ha convertido en una poderosa herramienta para otorgar calma, reposo y serenidad a la mirada que exige el deporte y los valores que lo sustentan.

En el Real Madrid nos sentimos hoy muy orgullosos del papel que juega el Foro Luis de Carlos a la hora de fortalecer los códigos y principios que marcan nuestras propias señas de identidad. Nos ha permitido contar con la experiencia de personalidades de todos los ámbitos, que nos han enseñado a afrontar los éxitos y los sacrificios del deporte como modelo de vida. Figuras que han sido y siguen siendo leyendas del Real Madrid y del deporte mundial.

Hemos compartido junto a figuras relevantes también de la cultura, de la política, de la economía, del arte y de otros ámbitos de la sociedad vivencias que nos han servido para enriquecer nuestros conocimientos acerca de lo que somos y de lo que nuestra institución representa en el mundo.

Este Foro Luis de Carlos es también una manera de devolver a la sociedad una parte del cariño, la pasión y la fuerza que recibimos de ella. Es una forma de subrayar también a través de la Fundación Real Madrid nuestro compromiso con la formación y la educación en valores como motores indiscutibles para construir un mundo mejor y más justo.

Con el Foro Luis de Carlos hemos mostrado también el respeto a nuestra historia. Reconocemos el lugar que ocupan las grandes figuras que han hecho del Real Madrid un club referente en todo el mundo. Una forma también de dar las gracias a quienes han ido transmitiendo todos los valores que siguen representados en un presidente legendario como Luis de Carlos.

Ha sido y sigue siendo nuestra forma de preservar su legado. Es nuestro compromiso y forma parte de nuestro eterno agradecimiento.

Epílogo
Emoción, orgullo y agradecimiento
Por Pepe y Jaime de Carlos*

Emoción, orgullo y agradecimiento son las palabras que mejor definen nuestros sentimientos como hijos de Luis de Carlos sobre este libro que ayuda a conocerle y recordarle cuando van a cumplirse treinta años de su fallecimiento, y que pone de manifiesto su caballerosidad, honradez, lealtad y dedicación infinita al Real Madrid.

Emocionados por el enorme cariño que hemos recibido de tantas personas que han hecho posible esta obra.

Orgullosos del trabajo de nuestro padre sirviendo al Real Madrid, primero como directivo y después como presidente, cumpliendo siempre con su deber y dejando una profunda huella, hasta el punto que todavía se le sigue recordando y reconociendo en él, tanto dentro como fuera del madridismo, sus grandes valores, que se corresponden con los del Real Madrid.

Agradecidos a todos los que nos han apoyado. En primer lugar, al presidente —Florentino Pérez—, que dio luz verde a lo que entonces era un simple proyecto. A Manolo Redondo, que desde el primer momento nos ayudó y aconsejó, y a Julio González Ronco, que literalmente se ha volcado en la obra y a quien se debe el título del libro. A su fenomenal colaboradora, Ana Sanjuanbenito, y a las supereficaces integrantes de la Fundación y Archivo Histórico del Real

---

* Hijos de Luis de Carlos Ortiz.

Madrid, Elena Vallejo y Guadalupe Galindo. También a todos los que han colaborado con sus capítulos respectivos, escribiendo lo que pensaban y recordaban de la figura de nuestro padre. Nunca os agradeceremos bastante vuestras palabras. Finalmente, a Enrique Ortego, que teniendo por delante la responsabilidad de escribir *La Decimocuarta: La Champions de las remontadas*, aceptó encantado colaborar con nosotros. Y, por supuesto, un agradecimiento especial a Manuel Pimentel, que con su Editorial Almuzara, desde que se le presentó el proyecto, nos respaldó y ha hecho realidad nuestra ilusión.

Y ahora nos permitiréis unas breves líneas para que opinemos también sobre nuestro padre. Desde siempre, la amistad para él fue crucial, y lo demostró a lo largo de su vida en distintas facetas, tanto profesionales como personales. Precisamente, entablamos amistad con Santiago Bernabéu, no por su condición de presidente, sino por sus valores como persona, y eso nos explica todo lo que vino a continuación. Su después cuñado Félix Ortiz era íntimo de Santiago desde el colegio, y cuando nuestro padre conoció a Bernabéu y a Félix se fraguó una amistad entre ellos que duró toda la vida.

Luis de Carlos no pudo entrar antes en la directiva del Real Madrid debido a su trabajo, que le impedía dedicar tiempo a ninguna otra actividad, a pesar de la insistente petición de Santiago desde que le nombraron presidente. Pero una vez que normalizó su trabajo profesional, aceptó formar parte de la directiva y ya hasta su muerte fue —como siempre— incondicional a Bernabéu, aunque —no creáis— ellos también discutían. Como ejemplo y anécdota podemos citar el fichaje de Amancio. Santiago quería ficharlo —y el resto también—, pero no había dinero y mi padre dijo que la operación no se podía hacer. Entonces Bernabéu se volvió a Lusarreta y le dijo: «Paco, ¿me dejas cuatro millones?», y con esa ayuda se pudo cumplir el sueño de todos.

Otra anécdota que revela el carácter de Luis de Carlos se produjo en Almansa, cuando Raimundo Saporta reunió a los miembros de la directiva para hablar sobre la sucesión tras el fallecimiento de Bernabéu y les dijo: «Uno de vosotros tiene que sacrificarse y hacer que la transición sea menos traumática». Nuestro padre le contestó: «Tú eres el vicepresidente y el más joven», pero Raimundo rehusó esa petición y prefirió ocuparse de organizar el Mundial del 82 y dedicar la mayor atención posible al baloncesto, deporte del que era un entusiasta desde pequeño en el Liceo Francés y que lo llevó a la cima. Entonces nuestro padre puso por delante la lealtad y amistad con Bernabéu a lo que él deseaba después de muchos años, que era retirarse y ver el fútbol disfrutando, por lo que aceptó el reto de la presidencia.

La realidad de aquel momento era tremenda: políticamente nos encontrábamos en plena Transición, y deportiva y económicamente la situación también era muy difícil: solo dos extranjeros por club, la televisión prácticamente inexistente, el derecho de retención hacía casi imposible el fichaje de buenos jugadores (por ejemplo, Gordillo no pudo venir al Madrid hasta que se consiguió eliminar ese derecho) y, finalmente, que sustituir a un mito como Bernabéu era imposible. Sin embargo, nuestro padre aceptó convertirse en presidente, lo que es buena prueba de lo que decimos acerca de una amistad que obliga por encima de todo. Por eso, expresamos nuestra satisfacción de que lo que comenzó siendo una ilusión se haya convertido en realidad.

MUCHÍSIMAS GRACIAS A TODOS.

El regreso de Alfredo di Stéfano. © Real Madrid.

Equipo del Castilla con los integrantes de la Quinta del Buitre (Butragueño, Martin Vazquez, Michel, Pardeza y Sanchis). © Real Madrid.

Plantilla temporada 1983-1984. Primera fila por arriba, de izquierda a derecha: Mariano García Remón, Agustín Rodríguez y Miguel Ángel González. Segunda fila: José Antonio Salguero, Alfonso Fraile, Julio Suárez, Vicente del Bosque, Isidro Díaz, Isidoro San José y Alberto Bernardo. Tercera fila: Miguel Porlán «Chendo», Francisco Pineda, John Metgod, Juan Santisteban (2º entrenador), Alfredo di Stéfano (entrenador), Jesús Paredes (preparador físico), Uli Stielike, José Ángel Ruiz «Cholo» y Juan Antonio Carcelén. Sentados: Luis Velerda (preparador físico), José Antonio Camacho, Ángel de los Santos, Juan Lozano, Carlos Alonso Santillana, Juan Gómez «Juanito», Ricardo Gallego, Andrés González «Ito», Francisco Bonet, Juan José Jiménez y Andrés Madrigal (masajista). © Real Madrid.

Remontada al Anderlecht: Valdano, Santillana, Michel, Butragueño y Gallego celebrando uno de los seis goles. © Real Madrid.

Butragueño en acción. © Real Madrid.

Emilio Butragueño. © Real Madrid.

Jorge Valdano. © Real Madrid.

Miguel Pardeza. © Real Madrid.

Entrevistado por Siro López en un partido de baloncesto. © Peña La Gran Familia.

Luis de Carlos con la la Copa de Europa de baloncesto en Barajas.
La final se jugó contra el Maccabi de Tel Aviv. En la imagen, junto a
él, el entrenador Lolo Sainz, y algunos jugadores, como Brabender,
Romay, Llorente, Iturriaga, etc. © ABC, Luis Alonso.

Brabender y Walter celebrando la séptima Copa de Europa. © Real Madrid.

Plantilla temporada 1979-1980. De pie, de izquierda a derecha: Lolo Sáinz
(entrenador), Luis María Prada, Rafael Rullán, Fernando Romay, Randy Meister, José
Ángel Querejeta, Ramón Guardiola (2º entrenador) y Francisco Amescua (delegado).
Agachados: Juan Manuel López Iturriaga, José Manuel Beirán, José Luis Llorente,
Juan Antonio Corbalán, Wayne Brabender y Walter Szczerbiak. © Real Madrid.

Arenga en el pabellón al equipo de baloncesto. © Real Madrid.

En la peña madridista de Almansa (lugar de nacimiento
de Santiago Bernabéu). © Real Madrid.

Cartel de despedida de la Peña La Gran Familia. © Peña La Gran Familia.

Miembros de la peña madridista Presidente Luis de
Carlos. © Peña Presidente Luis de Carlos.

Foro Luis de Carlos con Emilio Butragueño, Amancio, Enrique Sánchez,
Gonzalo de Carlos, Luyk y Enrique Ortego. © Real Madrid.

Anexos

SOLICITUD SOCIO LUIS DE CARLOS

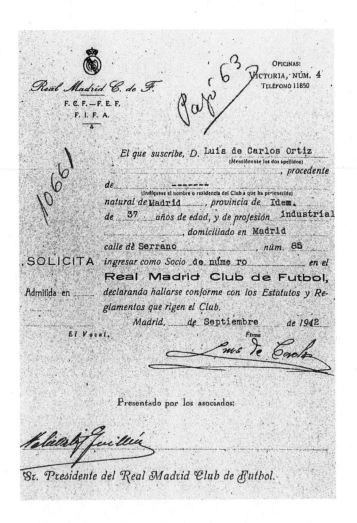

REAL MADRID CLUB DE FUTBOL

UNA NUEVA ETAPA

DISCURSO DEL PRESIDENTE DEL REAL MADRID C. DE F., D. LUIS DE CARLOS Y ORTIZ, CON MOTIVO DE SU TOMA DE POSESION ANTE LA ASAMBLEA DE COMPROMISARIOS CELEBRADA EN MADRID EL 3 DE SEPTIEMBRE DE 1978

Señoras y señores compromisarios:

    Cometería una grave indelicadeza hacia esta Asamblea suprema de nuestro Club si, antes de dirigirme a ella para exponer, con brevedad pero sin eufemismos ni demagogias, lo que la nueva Junta directiva que presido entiende han de ser las líneas maestras de su actuación, no dedicara, antes que nada y porque me lo dicta el corazón, un emocionado recuerdo a ese hombre que en la mente de todos nosotros presidirá para siempre, desde el máximo puesto de honor, este Club que yo me atrevería a decir que él creó. Me refiero naturalmente a nuestro querido, entrañable e inolvidable Santiago Bernabéu.

    Estoy aquí hablando ante ustedes porque de forma casi impensada me ha correspondido el honor de sucederle. Y fíjense bien que utilizo la palabra «suceder» que significa, en una de sus acepciones, heredar los bienes de uno por muerte, y no la de sustituir, que entraña la obligación de hacer las veces de otra persona. Creo que todos estamos de acuerdo al proclamar que Santiago Bernabéu es insustituible; es decir, no hay en mi opinión en el momento presente nadie capaz de hacer sus funcio-

— 1 —

231

nes con idéntica claridad de ideas, con idéntico conocimiento de causa, con idéntica sabiduría y en definitiva, con idéntica personalidad.

Esta Junta directiva que hoy toma posesión y que no podrá contar con el consejo de Santiago Bernabéu, quiere hacer constar que, de sus aptitudes y de sus enseñanzas, sabrá servirse en el futuro inmediato para tratar de conseguir que el Real Madrid mantenga en España y en el mundo entero el prestigio que él supo darle.

Expresado así el ideal de esta nueva Junta directiva, permítanme ahora los señores compromisarios que me dirija a ellos para exponerles, en mi primera actuación oficial, un programa de intenciones. De intenciones basadas en el examen de la realidad en la que estamos inmersos, porque otra cosa no podría hacer. Diversas circunstancias, la primera de ellas la premura de tiempo que ha existido para la composición de la nueva Junta, nos han impedido ir más allá de unas reuniones informales en las que, eso sí, ha habido coincidencia en los criterios a seguir. El trabajo formal, la planificación coherente del futuro comienza a partir de este momento.

Es costumbre en las campañas pre-electorales o electorales lanzar señuelos para la obtención de los votos. Desgraciadamente, no siempre lo que se promete puede ser cumplido y de ahí que las decepciones se produzcan de una manera casi inmediata. Gracias al inicial consenso propiciado por un grupo de socios, y refrendado posteriormente por las firmas que avalaron mi candidatura, no ha sido necesario recurrir a la lucha ante las urnas. Pero si esto ha tenido alguna ventaja ha traído también como

— 2 —

consecuencia el hecho de que, yo, personalmente, no me sienta a priori plenamente respaldado por nuestra gran masa social. En consecuencia, quiero plantearme, como primera meta, obtener el apoyo de la mayoría de nuestros socios. Aunque, a mi modo de ver, para gobernar bien hay que comenzar por tener el refrendo de los gobernados, el planteamiento para la nueva Junta del Real Madrid será a la inversa: empezaremos por tratar de gobernar lo mejor que sepamos, para que los socios nos den, posteriormente, su beneplácito.

No será fácil nuestra labor porque recogemos una historia brillante que siempre será difícil de igualar. Y lo será más todavía porque los momentos actuales no son boyantes para el fútbol en ninguna de las naciones tradicionalmente entendidas como las de mayor potencial. El sistema económico de los clubs de fútbol ha quedado desfasado y de ahí que leamos a diario que entidades consideradas como auténticos emporios están muy lejos de tener balances satisfactorios.

En nuestro propio caso, la Entidad arrastra un déficit que debe causarnos preocupación. La realidad de los hechos hay que verla, nos guste o nos disguste, sin que la existencia de otros casos peores nos tranquilice.

Sin embargo, pienso en el futuro inmediato y no voy a insistir en volver la vista atrás, ya que ni a mí como Presidente ni a mis compañeros de Junta directiva nos gustaría ejercer el papel de aquel sabio que un día dejó de mirar hacia adelante.

Por ello, aunque a algunos pueda parecerles una declaración timorata debo decir ahora mismo que tan importante como llegar a buen puerto los primeros, es el hecho de salvar la tormenta que nos preocupa. En consecuencia, tendremos que luchar todos los socios juntos para que el temporal no nos desarbole.

Quienes desde hoy estamos al frente del Club somos conscientes de la gran responsabilidad que pesa sobre nosotros. Para un hombre como yo, que ya ha cumplido largos años de servicio al Real Madrid, lo fácil hubiera sido marcharse a casa. Si he aceptado el reto ha sido porque casi desde el primer instante he contado con la colaboración desinteresada de unos compañeros que no vienen a buscar al Club otra cosa que satisfacer sus nobles deseos de madridistas; hombres que han alcanzado en sus respectivas profesiones cuanto anhelaban y que espero contribuyan a la resolución de nuestros problemas. Por ello, aunque mi puesto naturalmente será el primero, no obstante no lo será en un sentido absoluto: cualquiera de los directivos tendrá tanto poder como yo y todos juntos mucho más que yo. La dirección de la sociedad ha de ser formalmente colegiada.

Han pasado ya los tiempos en los que bastaba buena fe para dirigir un club; ahora hace falta algo más. Un club de fútbol como el Real Madrid es una gran empresa que necesita una planificación a corto y largo plazo, basada en las técnicas de la dirección empresarial. Y si ya he dejado claro que nuestra preocupación inmediata va a ser tratar de encontrar las fórmulas que nos permitan salir del bache económico, quiero también subrayar que entendemos que estas fórmulas se concatenan con aquellas que hacen referencia a la propia entraña del fútbol.

— 4 —

El Madrid no ha regateado nunca esfuerzos para contratar a los mejores jugadores del mundo, ni jamás ha abandonado su propia cantera, pero entendemos que habrá que poner más imaginación, más interés, mayor esfuerzo en definitiva, para que el fomento del fútbol de base produzca unos rendimientos superiores.

El fútbol nacional está en profunda crisis, lo que obliga a un fomento de las canteras propias. Si el Madrid ha sido siempre ejemplo en muchas cosas tendrá que serlo también ahora en el aspecto de creación de jugadores. Y ello, no sólo por su propio interés, sino incluso por el de sus socios, a los cuales tendremos que pedirles en su día una gran ayuda para poder programar el fútbol de base. El Club es de todos y entre todos tenemos que luchar por engrandecerlo, aún más si cabe.

La nueva Junta directiva que no ha tenido ni siquiera tiempo para hacer promesas, sí quiere dejar bien sentado que estudiará con detenimiento, y con la intención de llevarlo a la práctica, un plan de promoción deportiva a todos los niveles y para todas las disciplinas que hoy tienen cabida en la entidad, con un doble deseo: que la Ciudad Deportiva tenga un mayor aprovechamiento social y que sean los hijos de nuestros socios, hasta donde sea posible, quienes formen los embriones de todos nuestros deportes.

Tenemos la suerte de contar con grandes equipos de técnicos y de jugadores en diversas especialidades deportivas y trataremos de potenciarlas en la medida de lo posible. Contamos también con un personal administrativo y subalterno leal y competente, de lo que ha dado sobradas pruebas. Dispo-

— 5 —

hemos, además, de unas magníficas instalaciones, especialmente las de la Ciudad Deportiva, a las que trataremos de extraer una mayor rentabilidad y que, junto con nuestro gran potencial humano al que acabo de referirme, nos permitirá precisamente potenciar todas nuestras actividades.

En otro orden de cosas, pretendemos desarrollar la vida social del Club, por lo que es evidente que continuaremos prestando la máxima ayuda al fútbol nacional para que éste se enriquezca con nuestra aportación. Puesto que partimos de cero, no existen condicionantes que puedan afectar a nuestras relaciones con cuantos clubs de fútbol componen la Federación Española, así como, con cualquier entidad dedicada al quehacer deportivo.

El Madrid ha de ser una casa abierta para todos. Muy especialmente queremos colaborar con el fútbol castellano y el de Madrid, donde hemos nacido y cuyo nombre defendimos, con orgullo y gloria, en todos los estadios del mundo.

En el orden internacional trataremos de que nuestro querido Club en todas sus especialidades vuelva donde solía. Tenemos la obligación de mantener el prestigio ganado a pulso, ya que el Madrid supo en su momento trascender las fronteras. Es nuestra ilusión y decidido propósito sostener en lugar de privilegio ese pabellón que tantas veces supo ondear por encima de todos.

Volviendo al fútbol español, no todo ha de limitarse a meras relaciones públicas. El Madrid sabrá estar a la altura de las circunstancias en todo cuanto el futuro de nuestro fútbol está comprometido. No seremos un obstáculo a las reformas generales, sino

— 6 —

todo lo contrario. El Madrid, que tantos caminos ha abierto, quiere ser un auténtico ariete para echar por los suelos cuantas barreras se interponen al desarrollo sano y democrático del deporte español. Sabemos dónde estamos y hacia dónde nos dirigimos; no nos asustan los cambios porque en nosotros mismos hay un espíritu de reforma.

De ese espíritu surgirán iniciativas para que el fútbol español encuentre cada día la vía del saneamiento económico y la de la auténtica deportividad. De ese espíritu que nos anima saldrá nuestra colaboración desinteresada para que el Mundial del 82 sea un éxito rotundo. Si el Mundial de Argentina tuvo que guardar un minuto de silencio por la muerte de nuestro Presidente, queremos que el Mundial de España celebre con aplausos la aportación del Real Madrid.

En este sentido, pensando en nuestras instalaciones al servicio del fútbol español para ese acontecimiento, no ocultamos nuestra preocupación por la necesidad ineludible que en su momento, y a no tardar mucho, se impondrá de plantearnos su vigencia. La magnitud de la empresa y el plazo de la misma no nos exime de dejarla apuntada.

Como verán, es ésta una somera declaración de principios y he querido dejar para el final quizá la más importante. El Real Madrid, cuyo futuro empieza ahora mismo, ha de ser una sociedad transparente para sus socios y los medios de información. Para sus socios, porque de éstos depende siempre en definitiva el Club. Esta Junta directiva está abierta desde este instante a toda clase de diálogos, está abierta a toda clase de sugerencias, está abierta a

— 7 —

escuchar a cuantos tengan algo que decir para que el trabajo no se realice dentro de una campana aséptica. No es promesa vana. No hay intención de pronunciar frases hechas. El Club es auténticamente de todos los madridistas, incluidos los que no son socios porque también ellos forman nuestra base de sustentación.

A los medios de información debo agradecerles el apoyo que ya me han prestado. Para ellos siempre tendrá el Club absoluta diafanidad. A cuantos componen el mundo de la información les pedimos ayuda y comprensión, con la contrapartida de que sabremos escucharles y atender sus consejos.

A todos cuantos han hecho posible esta toma de posesión, a todos los presentes, a todos los socios y simpatizantes del Real Madrid, a todos mis entrañables compañeros en la anterior Junta directiva, a cuantos esta tarde van a prestar su apoyo moral a nuestro equipo, que tiene el primer compromiso importante de la temporada, muchas gracias. Ojalá no les defraude la respuesta que vamos a dar al reto que hemos recibido y aceptado.

REAL MADRID CLUB DE FUTBOL

DECLARACION
DE
PRINCIPIOS

DE LA JUNTA DIRECTIVA DEL
REAL MADRID C. de F., CON
MOTIVO DE SU TOMA DE PO-
SESION ANTE LA ASAMBLEA DE
COMPROMISARIOS CELEBRADA
EN MADRID EL 3 DE SEPTIEMBRE
———— DE 1978 ————

1. Aportar un espíritu de reforma de las estructuras y vida de la Entidad, para adaptarlas a las nuevas exigencias de la Sociedad Española y del deporte español.

2. Conseguir el refrendo de los socios y simpatizantes del Real Madrid, sin promesas previas.

3. Establecer una dirección colegiada y democrática de la Sociedad.

4. Proceder a una planificación, a corto y largo plazo, de la organización y funcionamiento del Club, en base a adecuados sistemas empresariales.

5. Promocionar con carácter absolutamente prioritario la cantera propia, tanto en beneficio del Club como del fútbol nacional.

6. Dedicar especial atención al primer equipo de fútbol profesional, no renunciando a su potenciación permanente, dentro del marco de las posibilidades del Club.

7. Elaborar una política de promoción deportiva a todos los niveles, potenciando en lo posible las diferentes secciones de la Entidad.

8. Planificar un mejor aprovechamiento de la Ciudad Deportiva.

9. Potenciar la vida social y de relación del Club, tanto a nivel nacional como internacional, especialmente con la Federación Española de Fútbol y los Clubs que la componen.

10. Promover la máxima colaboración con el fútbol castellano y madrileño.

11. Mantener el prestigio nacional e internacional de que goza nuestra Sociedad, sosteniendo el lugar de privilegio alcanzado hasta ahora.

12. Colaborar resueltamente en el desarrollo sano y democrático del deporte español del que constituímos una parte importante.

13. Colaborar plena y desinteresadamente para el mayor éxito del Mundial 82, ofreciendo nuestro apoyo y nuestras instalaciones, cuya vigencia habrá que plantear en su día.

14. Ofrecer una absoluta transparencia de la Sociedad ante sus socios y ante los medios de información.

REAL MADRID C. DE F.

ESTATUTOS
1982

ESTATUTOS DEL
REAL MADRID C. de F.

TITULO I
NORMAS GENERALES

Articulo 1
DENOMINACION

Los presentes Estatutos regirán la vida de la Entidad Deportiva que se denomina REAL MADRID CLUB DE FUTBOL.

Articulo 2
NATURALEZA JURIDICA Y OBJETO

El Real Madrid Club de Fútbol es una Entidad deportiva que tiene como objeto y el fin el dedicar su actividad y patrimonio a conseguir, de forma primaria y principal, el fomento del fútbol, en sus distintas categorías y edades, y, de forma general, la práctica de todos los deportes que determinen sus Organos Rectores.

De igual modo, como complemento, podrá promover el desarrollo de la cultura física, moral e intelectual de sus afiliados, facilitando las relaciones sociales y espíritu de unión entre ellos.

Articulo 3
PERSONALIDAD Y ADSCRIPCION FEDERATIVA

El Real Madrid Club de Fútbol fundado en Marzo de 1902 y cuya primera acta fundacional lleva fecha de 18 de Abril del mismo año, goza de personalidad jurídica de acuerdo con el artículo 35 y s.s. del Código Civil y disposiciones legales pertinentes, estando adscrito a la Federación Española de Fútbol, así como a las Federaciones que lo exijan, según las distintas secciones deportivas que el Club tenga establecidas en cada temporada.

5

Artículo 4

LEGISLACION APLICABLE

Además de los presentes Estatutos, serán de aplicación al Real Madrid Club de Fútbol, como Club deportivo, las Leyes y Reglamentos dictados con carácter general para el deporte, así como las normas especiales emanadas de cada una de las federaciones a que esté sometido, teniendo en cuenta que, dado el fin primario y principal, gozará de preferencia la Reglamentación que proceda de la Real Federación Española de Fútbol.

Artículo 5

DOMICILIO

Su domicilio radica en Madrid, calle Concha Espina, 1. Estadio "Santiago Bernabéu".

Artículo 6

DURACION Y AMBITO TERRITORIAL

La vida de la Entidad es ilimitada, extendiendo su actividad no sólo a territorio español, sino también al extranjero, tanto en competición oficial como privada.

Artículo 7

LIBERALIDAD

La Entidad carece de ánimo de lucro, puesto que todo su patrimonio y posibles beneficios, están encaminados y dirigidos, única y exclusivamente, a la consecución del objeto indicado.

Artículo 8

DISTINTIVOS

El Real Madrid Club de Fútbol, usará como color oficial el Blanco, ostentando un escudo consistente en un círculo de trazo grueso, cuyo interior se encuentra atravesado en sentido diagonal, de izquierda a derecha, y de arriba abajo, por una franja, apareciendo en su interior las iniciales MCF entrelazadas y, como complemento, en la parte superior del círculo y fuera de él, figura una corona real. La franja diagonal es de color morado y el círculo y las letras MCF en oro.

La bandera será blanca con el escudo del Club en el centro.

Artículo 9

PATRIMONIO

El patrimonio para la obtención de los fines del Club se integra con las propiedades que le pertenecen, su posible explotación y, en general, cualquier aportación o ingreso económico que reciba o lícitamente esté a su alcance.

El Real Madrid C.F. podrá obtener la colaboración económica, mediante el pago de cuotas de ingreso, periódicas, fijas o eventuales, de los aficionados o simpatizantes, entre los que se encuentran los socios con los derechos y obligaciones que se señalan en los presentes Estatutos.

6

TITULO II
DE LOS SOCIOS Y OTRAS FIGURAS

Artículo 10
CATEGORIA DE SOCIOS

Son socios del Real Madrid Club de Fútbol, aquellos que previo cumplimiento de las normas aprobadas por la Junta General, ingresen en la Entidad, con los derechos y obligaciones contenidos en estos Estatutos.

Artículo 11
IGUALDAD

Una vez transcurrido un año desde la inscripción en el censo del Club, todos los socios tendrán, políticamente, la misma consideración de igualdad, sin discriminación de ninguna clase, salvo las limitaciones legales sobre la mayoría de edad y capacidad de obrar.

Artículo 12
BENEFICIOS ECONOMICOS

En razón al fomento y expansión de los fines de la Entidad, la Junta General podrá acordar beneficios o cuotas especiales a favor de los socios infantiles o en edad avanzada.

Artículo 13
HONORES

Asimismo, la Junta General podrá señalar menciones honoríficas a favor de aquellas personas que hayan prestado notorios y destacados servicios a favor del Club, sin que ello suponga privilegio alguno ni frente al Club, ni frente a terceros.

Artículo 14
INGRESO EN EL CLUB

Para ingresar como socio en el Real Madrid Club de Fútbol, deberá solicitarse de la Junta Directiva, obligándose a acatar estos Estatutos y debiendo ser presentado por dos socios que estén al corriente en el pago de sus cuotas.

Los menores de edad, no emancipados, necesitarán, además, la autorización de sus padres o Tutor. En caso de duda respecto a la edad del solicitante, deberá justificarse a plena satisfacción de la Junta Directiva.

La Junta Directiva, previo estudio del expediente de solicitud, podrá conceder o denegar la admisión, estando obligado el solicitante, caso afirmativo, a satisfacer las cuotas correspondientes y suscribir el compromiso social, siendo advertido formalmente de lo establecido en el artículo 10 de los Estatutos. El Compromiso social podrá determinar la vinculación a una determinada ubicación para los espectáculos deportivos.

7

Artículo 15
DERECHOS DE LOS SOCIOS

Son derechos personalísimos de los socios:

a) Contribuir al cumplimiento de los fines específicos del Club.

b) Asistir a los espectáculos deportivos organizados por el Club con sujeción a las Normas disciplinarias y económicas establecidas por la Junta Directiva así como a la ubicación vinculante de su compromiso social, en su caso.

c) Utilizar las instalaciones y servicios del Club dentro de las normas disciplinarias y económicas que establezca la Junta Directiva.

d) Exigir que la actuación de la Entidad se ajuste a lo dispuesto en las Leyes vigentes.

e) Separarse libremente del Club.

f) Expresar libremente sus opiniones en el seno del Club, con el respeto siempre debido a las personas o a la Entidad.

g) Conocer las actividades del Club y examinar su documentación. Normas internas determinarán, dentro del régimen Administrativo de la Entidad las personas, las fechas y horas más adecuadas para atender este derecho social.

h) Ser elector y elegible para los órganos de representación y gobierno del Club, en la forma prevista en estos Estatutos.

i) Proponer la reunión de la Junta General en los supuestos señalados en estos Estatutos.

Artículo 16
OBLIGACIONES DE LOS SOCIOS

Son obligaciones inherentes a la cualidad de socio o afiliado, las siguientes:

a) Satisfacer las cuotas que les correspondan en la forma, cuantía y período fijado de acuerdo con su compromiso social y las normas aprobadas por la Junta General.

b) Acatar y respetar los presentes Estatutos.

c) Sin perjuicio de la libertad de expresión y censura inherente a cada persona, deberá actuar, manifestarse, y producirse, en todo momento con la más absoluta corrección y respeto hacia el Club, consocios y representantes de la Entidad a la que pertenecen.

Artículo 17
JUSTIFICACION DE LA CUALIDAD DE SOCIO

La cualidad de socio se justificará con el oportuno carnet de la Entidad que será personal e intrasferible, expedido por la Junta Directiva, y cuyo coste será sufragado por el socio interesado.

En caso de extravío, pérdida o robo del carnet, se extenderá uno nuevo, haciendo constar en el mismo su condición de duplicado, y se anulará a todos los efectos el primero, siendo igualmente en este caso, de cuenta del socio el importe de su coste.

Siempre que al hacer ejercicio de algún derecho inherente a la cualidad de socio, se requiera por los representantes o empleados de la Entidad la justificación de la misma, estará éste obligado a exhibir el correspondiente carnet.

8

Artículo 18

PERDIDA DE LA CONDICION DE SOCIO

La condición de socio se pierde:

1. Por defunción.

2. Por voluntad del interesado expresada por carta dirigida a la Junta Directiva.

3. Por dejar de pagar sus cuotas, una vez que hayan transcurrido cuatro meses desde el momento en que estaba obligado a ello.

4. Por acuerdo de la Junta Directiva por sí misma o a propuesta de la Comisión de Disciplina Social, creada al efecto, debiendo tramitarse, en los casos sometidos a esta última, el oportuno expediente en el que debe ser necesariamente oído el socio interesado.

El Expediente será incoado en los siguientes casos:

a) Por estimar que el socio ha realizado actos que le hacen decaer en la pública estimación.

b) Por laborar el socio contra los intereses sociales.

c) Por insociabilidad.

d) Por manifestarse en público, en abierta hostilidad contra el Real Madrid Club de Fútbol, o contra las personas que integran sus organizaciones deportivas, y sin perjuicio del derecho de libre crítica de los socios, discrecionalmente apreciada aquella conducta por la Comisión de Disciplina Social.

Artículo 19

OTRAS FIGURAS

a) **Abonados.**—La Junta Directiva podrá admitir abonados para presenciar espectáculos deportivos. Dichos abonos sólo conceden el derecho a ocupar determinada localidad por el período, en el tiempo y la forma que se concierte al emitirlos.

b) **Suscriptores de títulos.**—En el caso de emisión de títulos de la deuda, de parte alícuota patrimonial o cualquier otro tipo, los que suscriban estos títulos gozarán de los derechos económicos o patrimoniales correspondientes, así como de aquellos otros que se deriven de la citada emisión.

TITULO III

DE LOS LIBROS DEL CLUB

Artículo 20

REGIMEN DOCUMENTAL O CONTABLE

Constituye el régimen documental y contable del Club el siguiente:

a) El Libro Registro de socios, en el que deberán constar sus nombres y apellidos, Documento Nacional de Identidad, profesión y, en su caso, cargos de representación, gobierno o administración que ejerzan en el Club. También especificará las fechas de altas y bajas y las de toma de posesión y cese de los cargos aludidos.

9

249

b) Los libros de Actas que consignarán las reuniones que celebre la Asamblea general, la Junta Directiva y los demás Organos Colegiados del Club, en su caso, con expresión de la fecha, asistentes y acuerdos adoptados. Las actas serán suscritas, en todo caso, por el Presidente y el Secretario del Organo Colegiado.

c) Los libros de contabilidad, en los que figurarán todos los ingresos y gastos del Club, debiendo precisarse la procedencia de aquellos y la inversión o destino de éstos.

d) El balance de situación y las cuotas de sus ingresos y gastos, que el Club deberá formalizar durante el primer mes de cada año y que pondrá en conocimiento de todos los asociados, cuando sea requerido por éstos.

TITULO IV
DE LOS ORGANOS DE LA ENTIDAD

Articulo 21

NORMA GENERAL

Corresponde la gestión y representación de la Entidad a la Asamblea o Junta General y a la Junta Directiva, constituidas y formadas en la forma prescrita en estos Estatutos y legislación oficial aplicable, en su caso.

Articulo 22

OTROS ORGANOS

También deberá estar constituida una Junta de Gestión Electoral que entiende de los procedimientos electivos y una Comisión de Disciplina Social, independientemente de la posible existencia de cualquier otro órgano emanado de las disposiciones legales pertinentes o por determinación de la Junta o Asamblea General.

CAPITULO I
DE LA ASAMBLEA O JUNTA GENERAL

Articulo 23

CONCEPTO

La Asamblea o Junta General de Socios es el Organo Superior que garantiza el cumplimiento de los fines de la Entidad.

En este sentido, inspecciona, aprueba y ratifica o censura la actuación de la Junta Directiva, señalando las normas o lineas fundamentales que han de regir la vida del Club.

Articulo 24

NORMAS POR LAS QUE SE RIGE

Los presentes Estatutos servirán de norma y guia para la Asamblea con sujeción, en todo caso, a las disposiciones legales vigentes y las especiales emanadas de los Organismos Deportivos competentes.

10

Artículo 25

COMPOSICION DE LA ASAMBLEA GENERAL

1º Miembros que la integran

La Asamblea General estará integrada por todos los socios con derecho a voto, a través de la representación desarrollada en los presentes Estatutos de acuerdo con las normas vigentes. Además formarán parte de la Asamblea, los siguientes miembros:

1) La Junta Directiva.

2) Los ex Presidentes que hubieran desempeñado el cargo, al menos durante un año, siempre que no hayan perdido la condición de socios con posterioridad a su mandato.

3) Los cinco socios más antiguos en cualquiera de las categorías de Honor, de Mérito o similares que no hayan perdido la cualidad de socio.

4) Los cien socios más antiguos.

2º Aptitud para ostentar representación en la Asamblea

Tienen derecho a voto, y por tanto tienen aptitud, todos aquellos que siendo socios del Real Madrid C. de F. sean mayores de edad, con plena capacidad de obrar y estén inscritos en el Club, al menos, con un año de antiguedad ininterrumpida.

3º Número de miembros de la Asamblea

El número de miembros representantes de todos los socios estará determinado por la cifra que resulte de aplicar una treinta y tres por mil o fracción, al número total de socios que existan en el Real Madrid C. de F. en el momento de formación de la Asamblea.

4º Quiénes son los candidatos o representantes

Podrán ser candidatos todos aquellos que, con la aptitud señalada, presente su candidatura al Club suscrita por quince socios con derecho a voto, debiendo estar las firmas debidamente legitimadas por cualquier medio admitido en derecho y expresión clara del nombre, apellidos y número de socio del suscriptor. Ningún socio podrá presentar más de un candidato.

5º Aceptación de los candidatos

El socio candidato a representante deberá formalizar por escrito indubitado su aceptación al presentar su candidatura.

6º Fecha de presentación de las candidaturas

Las candidaturas deberán presentarse antes de los tres últimos meses del año en que expira el mandato de la Asamblea constituida. Una vez recibidas las candidaturas en el Club, se dará traslado de ella a la Junta de Gestión Electoral.

11

7º Examen de candidaturas, presentación de candidatos y fecha de elección

Dentro de los cinco días siguientes en que expira el plazo para la presentación de candidaturas, la Junta de Gestión Electoral recibirá las mismas para su examen, lo cual hará dentro de los siguientes cinco días hábiles, debiendo, al término de los mismos, hacer la presentación a los socios de los candidatos que hayan resultado aptos.

Si los candidatos presentados con aptitud superan el número de representantes exigidos para constituir la Asamblea, la Junta de Gestión Electoral, señalará la fecha de la elección, entre ellos, por sufragio libre, igual y secreto emitido por todos los socios con derecho a voto. Esta fecha habrá de ser, como mínimo, quince días después de la presentación de candidatos aptos.

Si los candidatos presentados con aptitud no alcanzaran el número de representantes exigidos para constituir la Asamblea, ellos serán automáticamente, considerados como miembros de la misma, siendo preciso completar su composición, lo cual se realizará, dentro de los treinta días siguientes a la presentación de candidatos, por sorteo puro entre todos los socios con derecho a voto, debiendo ser notificados inmediatamente los que resulten designados, los cuales no ostentarán la condición de representantes hasta que no formalicen su aceptación indubitada; los que no lo hicieren dentro de los quince días siguientes a la notificación, habrán de ser sustituidos por otros con un nuevo sorteo y los mismos requisitos.

8º Procedimiento de la elección en su caso

Señalado, en su caso, el día de la elección por la Junta de Gestión Electoral habrá de proveerse a lo siguiente:

a) **Formación de las Mesas**, eligiendo, por sorteo, entre los socios, con capacidad, que voluntariamente se presten a ello. Dichas Mesas formadas en número, según las necesidades y posibilidades, deberán constar de un Presidente y dos adjuntos.

Para garantizar el resultado de la votación y la pureza de su resultado, los interesados, podrán nombrar interventores que deberán acreditarse debidamente ante la Mesa.

b) **La votación** durará desde las nueve horas hasta las veinte y se efectuará mediante papeleta que, cumplimentada en la forma que se indique en la convocatoria, será depositada en la Mesa.

El voto será personal y no se admitirá delegación o representación para su ejercicio. La Junta de Gestión Electoral podrá fijar el voto por correo en forma similar al de la Ley Electoral.

c) **El escrutinio** tendrá lugar, una vez terminada la votación, procediendo, en cada Mesa, al recuento de los votos y posteriormente, con la Junta de Gestión Electoral, se realizará el cómputo general.

d) **La proclamación de los elegidos** procederá una vez terminado el escrutinio, recayendo en aquéllos que mayor votación hayan obtenido.

Si en la votación no se hubiera alcanzado el número de miembros de la Asamblea por no haber tenido votos algunos candidatos aptos, se acudirá a éstos para completar teniendo preferencia la mayor antigüedad en el Club.

La misma norma se aplicará en caso de empate y necesidad de eliminación.

12

e) **Se levantará acta** que reflejará el desarrollo de la Elección con todas incidencias que en la misma se produzcan.

El acta deberá ir firmada por los miembros de la Junta Electoral y los Presidentes de Mesa.

9º Duración del mandato de la Asamblea

Constituida la Asamblea, su mandato será bianual computandose el tiempo desde el día 1 de Enero siguiente a la elección.

Los miembros de elección o por sorteo de la Asamblea no podrán ser reelegidos para el siguiente período bianual.

10º Vinculación de los miembros de la Asamblea

La cualidad de miembro de la Asamblea del Real Madrid Club de Fútbol constituye un honor para el que la ostenta.

La integración en la Asamblea General constituye el fundamental derecho de los socios que supone una obligación esencial desde la aceptación. En este sentido la asistencia a la Asamblea es obligatoria, pudiendo no obstante, delegar por escrito, fehacientemente a favor de otro miembro de la Asamblea y para cada Junta especialmente.

La ausencia injustificada podrá producir la inhabilitación como miembro de la Asamblea e incluso sobre aquellos socios que presenten la candidatura del ausente. La justificación de la ausencia y su sanción será estimada por el Comité de Disciplina del Club a instancia de parte.

Artículo 26

CLASES DE ASAMBLEAS GENERALES

La Asamblea o Junta General podrá ser Ordinaria o Extraordinaria.

Artículo 27

ASAMBLEA GENERAL ORDINARIA

La Asamblea General Ordinaria deberá ser convocada, al menos, una vez al año, para tratar los asuntos de su competencia, debiendo celebrarse una vez terminada la temporada deportiva.

Artículo 28

ASAMBLEA GENERAL EXTRAORDINARIA

Toda Junta o Asamblea que no sea la señalada en el artículo anterior, tendrá la consideración de Extraordinaria.

Estas Asambleas se celebrarán cuando lo acuerde la Junta Directiva o lo soliciten, por escrito, dirigido a aquélla, un diez por ciento de los socios.

13

La solicitud deberá estar firmada por los socios peticionarios, con expresión del número correspondiente y si existiese duda sobre la identidad de las firmas, la Junta Directiva podrá exigir su legitimidad en la forma prevenida en derecho.

La Asamblea General Extraordinaria, para tratar algún asunto de su competencia, podrá celebrarse dentro de la Ordinaria, cuando a ésta se le dé también aquel carácter.

Artículo 29
CONVOCATORIA

La convocatoria de las Juntas Generales se hará con una anticipación de quince días naturales, como mínimo, debiendo expresarse en ella el Orden del Día, lugar, fecha y hora de celebración de ellas.

La convocatoria se anunciará públicamente en los locales de la Entidad y en los periódicos de Madrid.

Artículo 30
QUORUM DE ASISTENCIA

Las Asambleas Generales, tanto Ordinarias como Extraordinarias, quedarán válidamente constituidas, en primera convocatoria, cuando concurran a ella, presentes o representados, la mayoría de sus miembros.

En segunda convocatoria, será suficiente la concurrencia de una cuarta parte de los mismos.

En tercera y última convocatoria no se exigirá quórum alguno.

Artículo 31
MATERIAS RESERVADAS A LAS ASAMBLEAS GENERALES

a) **Asamblea Ordinaria.**—Corresponde a la Asamblea General Ordinaria, de forma exclusiva, la aprobación de la Memoria, liquidación del Presupuesto, Balance del cierre del ejercicio, Cuentas del mismo, así como el Presupuesto presentado para el ejercicio siguiente.

b) **Asamblea Extraordinaria.**—Corresponde a la Asamblea General Extraordinaria:

1. La modificación de Estatutos.

2. Autorización para la convocatoria de elección de Junta directiva en los supuestos de vacante voluntaria o por censura.

3. Tomar dinero a préstamo cuando exceda de acto de administración, lo cual tendrá tal carácter en el límite del veinte por ciento del presupuesto.

4. Emisión de títulos transmisibles representativos de deuda o de parte alícuota patrimonial.

5. Actos de disposición sobre bienes inmuebles.

6. Fijación de las cuotas periódicas de los socios o afiliados.

7. Transformación, fusión y extinción del Club.

14

Artículo 32

PRESIDENCIA Y DEBATES

La Presidencia de las Juntas Generales corresponderá a que ostenta la de la Junta Directiva, la cual podrá alterar el Orden del Día, pero no suprimir alguno de sus puntos. Dicha Presidencia dirigirá las reuniones. Podrá dar por discutido un asunto después de haber reservado dos turnos a favor y dos en contra para cada uno, en cuyos turnos no se podrá invertir más de quince minutos, más otros cinco para rectificaciones y aclaraciones. Los turnos serán concedidos a quienes primero lo soliciten.

Artículo 33

QUORUM DE ACUERDOS

Los acuerdos se adoptarán por mayoría de los asistentes a la Junta.

Sin embargo quedarán siempre a salvo los quórums especiales exigidos por las normas legales y estos Estatutos; si no hubiese, sobre ello norma jurídica dispositiva se exigirá para las materias expresadas en los números 1, 3, 4 y 5; apartado b) del artículo 31, la aprobación por las dos terceras partes de los presentes o representados en la Asamblea y para la transformación y fusión, el mismo quórum, siempre que, además, suponga las dos terceras partes de la totalidad y haya convocatoria expresa para ello.

CAPITULO II
DE LA JUNTA DIRECTIVA

Artículo 34

CONCEPTO

La Junta Directiva es el órgano al que corresponde, de forma directa, la administración y gobierno, gestión y representación del Club.

Artículo 35

COMPOSICION

La Junta Directiva estará formada por un número de miembros no inferior a cinco ni superior a veinte, al frente de la cual habrá un Presidente y de la que formarán parte, además de un Secretario y un Tesorero, un vocal por cada una de las Secciones deportivas federadas.

El Presidente podrá atribuir a alguno de sus miembros la categoría de Vicepresidente o cualquier otro nombramiento, cuando a su juicio, el organigrama directivo así lo requiera.

Artículo 36

ELECCION DE PRESIDENTE Y JUNTA DIRECTIVA

La elección de Presidente y Junta Directiva se verificará en candidatura cerrada por sufragio personal, directo y secreto de todos los socios con derecho a voto.

15

Artículo 37

NORMAS POR LAS QUE SE RIGE LA ELECCION

La elección de Presidente y Junta Directiva se regirá por las normas establecidas en los presentes Estatutos en cuanto no se opongan a las normas legales o emanadas de Organismos federativos correspondientes.

Artículo 38

SITUACIONES EN QUE PROCEDE

Habrá lugar el nombramiento de Junta Directiva en los supuestos siguientes:

A) Por expiración del mandato de la anterior Junta Directiva.

B) Cuando por dimisiones, renuncias, fallecimientos o incapacidades físicas, haya quedado la Junta Directiva reducida o modificada en un número inferior a cinco miembros en total.

C) Por voto de censura aprobado por las dos terceras partes de los votos presentes en la Asamblea General Extraordinaria, convocada, a tales efectos, a petición de un número de socios que tengan derecho de voto y que represente, al menos el diez por ciento de la totalidad de los socios.

Artículo 39

APTITUD PARA INICIAR EL PROCEDIMIENTO

La Junta de Gestión Electoral, por sí misma o por instancia, de la Junta Directiva, Asamblea General u Organos Federativos, según los casos, es el Organo encargado de iniciar y tramitar el procedimiento.

Artículo 40º

PROCEDIMIENTO

A) Cuando se produzca el hecho que motiva la vacante, la Junta de Gestión Electoral, deberá hacer la convocatoria para que en el plazo de cuarenta días naturales a contar desde su publicidad, se presenten en las candidaturas cerradas de nueva Directiva con, al menos la composición mínima exigida.

La convocatoria deberá exponerse en el local social durante cinco días y publicarse en dos periódicos de Madrid, sin perjuicio de poder acudir a otros medios de difusión.

B) **Requisitos para ser candidato.**—Para ser candidato a Presidente o miembro de la Junta Directiva es necesario:

1. Ser español.
2. Tener mayoría de edad civil.
3. Hallarse en pleno ejercicio de los derechos civiles.
4. Estar inscrito como socio del Club, al menos, con un año de antiguedad ininterrumpida.

16

5. No estar sujeto a sanción que lo inhabilite para desempeñar cargos directivos.

6. No ostentar cargo directivo en otros Clubs de Fútbol ni encontrarse en activo como jugador, árbitro, entrenador o técnico de los mismos en el momento de la proclamación como candidato.

C) **Requisitos de las candidaturas.**—Dentro del plazo señalado deberán presentarse en el Club, por duplicado, las candidaturas que han de reunir los siguientes requisitos:

1. Ser cerrada, expresando la lista o relación de sus componentes con la designación del cargo que han de ostentar, debiendo, como mínimo, contener cinco miembros y señalar el Presidente, Secretario y Tesorero.

2. Estar promovida y suscrita por una cifra de socios con derecho a voto, no inferior al 10 % de ellos, si lo fueran en número inferior a 10.000, que se incrementará en un 2 % sobre el exceso si aquella cifra fuera superior. Sus firmas deberán acreditarse como ciertas.

Ningún socio podrá presentar más de una candidatura, quedando invalidadas las firmas que incumplan este requisito.

3. Estar suscritas por los candidatos con firma legitimada y manifestación formal de aceptación de la proposición.

D) **Examen de la Candidatura.**—Expirado el plazo y presentadas las candidaturas dentro del mismo, la Junta de Gestión Electoral procederá al examen y análisis de las mismas para certificar su validez o nulidad, dentro de los cinco días naturales siguientes.

E) **Resultado de la presentación y examen.**

1. **Si no existiera ninguna candidatura válida** por no reunir el número de firmas exigidas, se reducirá automáticamente este número en el cincuenta por ciento. Si con esta reducción tampoco resultase una candidatura válida, se procederá inmediatamente a una nueva convocatoria, en los tres días naturales siguientes, para que en el plazo de otros quince días naturales, a contar de esta nueva convocatoria, practicada con una sola publicidad en el Club, se presenten nuevas candidaturas con los mismos requisitos a excepción del número de firmas que quedará limitado al veinticinco por ciento del número de miembros de la Asamblea General.

También se hará esta nueva convocatoria, cuando no existiese ninguna candidatura válida, después de la primera convocatoria, por cualquier causa.

Si de esta nueva convocatoria, verificado el análisis en el mismo plazo que en la primera, no apareciese ninguna candidatura válida, deberá convocarse Asamblea General, sin ningún requisito de quórum, dado lo extremado de la situación, para su celebración dentro de los diez o quince días naturales siguientes, a fin de que, en la misma, se designe la persona de Presidente y como Directiva aquellas otras que éste designe, o bien se adopten las medidas que se estimen oportunas.

2. **Existencia de una sola candidatura válida.**—Caso de existir una sola candidatura válida sus componentes quedarán proclamados, sin más, como miembros de la nueva Junta Directiva.

3. **Existencia de dos o más candidaturas válidas.**—Siendo más de una las candidaturas válidas, se celebrarán elecciones entre los socios para que manifiesten su decisión.

17

Artículo 41
DE LAS ELECCIONES

Las elecciones deberán ser convocadas cuando haya varias candidaturas válidas, dentro de los tres días hábiles siguientes a la fecha en que termina el plazo señalado para análisis de las candidaturas o resolución de las impugnaciones, en su caso, y señalando el día de su celebración, que no podrá ser inferior a los veinte días naturales siguientes, ni superior a los treinta días, también naturales, a contar desde su anuncio.

La convocatoria deberá anunciarse en la sede del domicilio social y en dos periódicos de Madrid, indicando el día, lugar y hora en que se verificará la elección, y las candidaturas válidas.

Artículo 42
ELECTORES

Serán electores los socios del Real Madrid Club de Fútbol con derecho a voto.

Artículo 43
FORMACION DE LAS MESAS, VOTACION Y ESCRUTINIO

En cuanto a la formación de Mesas, votación y escrutinio se estará a lo establecido en el número 7, apartados a), b) y c) del art° 25 de estos Estatutos.

Artículo 44
A C T A S

Terminado el escrutinio se levantará el acta correspondiente firmada por los Presidentes de las Mesas y representantes de la Junta, donde se expresarán los resultados y todas las incidencias de la votación.

Artículo 45
PROCLAMACION

Los componentes de la candidatura que más votos hayan obtenido quedarán proclamados, sin más como miembros de la nueva Junta Directiva.

Artículo 46
SUSTITUCIONES Y CESES

Durante el mandato de la Junta Directiva, el Presidente, caso de vacantes, en el seno de la misma, podrá nombrar sustitutos hasta un veinte por ciento de su número total, pero debiendo ser ratificados estos nuevos nombramientos por la Junta General.

Asimismo, con el voto de las dos terceras partes de la totalidad de la Junta Directiva, podrá ser ampliado el número de su composición inicial siempre con el límite legal, y ser excluido, de la misma, alguno o algunos de sus miembros, con la posterior ratificación por la Junta General.

18

Artículo 47

DURACION DE LOS MANDATOS

La duración del mandato de la Junta Directiva será de cuatro años a contar desde su proclamación, pudiendo sus miembros presentes a la reelección, bien conjuntamente o por separado en otras candidaturas.

No obstante, los miembros de la Junta Directiva que presenten su candidatura a la Presidencia del Club, deberán dimitir de su cargo.

Artículo 48

FACULTADES DE LA JUNTA DIRECTIVA

La Junta Directiva goza de las más amplias facultades para el gobierno, administración y representación de la Entidad, sin más límites que aquellas cuestiones que especialmente están reservadas en estos Estatutos o por disposición legal, a la Junta General.

En este sentido, con carácter meramente enunciativo y nunca como límite, podrán señalarse las siguientes facultades:

A) Ejecutar los acuerdos de la Junta General.

B) Representar a la Entidad ante toda clase de personas, Autoridades, Tribunales, Organismos o Entidades públicas o privadas, pudiendo ejercitar las acciones que juzgue convenientes en defensa de los intereses sociales designando, si fuera preciso, Abogados o Procuradores.

C) Realizar toda clase de actos y contratos, de carácter civil o mercantil, incluso con el Estado, Provincia o Municipio, Entidades Bancarias, incluso el Banco de España u otros Bancos oficiales, Cajas de Ahorro, Delegaciones de Hacienda y de Trabajo, Caja General de Depósitos y, en general, cualquier persona, delegación u oficina.

D) Abrir cuentas corrientes o de crédito, realizar su movimiento y cancelación, así como librar, aceptar, avalar y endosar letras de cambio u otros documentos de giro.

E) Determinar el empleo, colocación e inversión de los fondos del Club.

F) Contratar Empleados, Técnicos y Jugadores, así como solventar todos los problemas de índole laboral o profesional que las relaciones con aquéllos originen ante los Organismos o Magistraturas en que dichas relaciones se encuentren enmarcadas.

G) Admitir socios, proponer a la Junta las cuotas de ellos y realizar su aplicación.

H) Convocar las Juntas Generales Ordinaria y Extraordinaria y proponer a ésta todos los asuntos que se derivan de estos Estatutos y cuantos otros estime conveniente.

I) Redactar la correspondiente Memoria relativa al ejercicio vencido así como la liquidación del Presupuesto, Balance y Cuentas del Ejercicio, así como el Presupuesto para el Ejercicio siguiente.

J) Aplicar los Estatutos de la Entidad e intepretar sus cláusulas.

K) Delegar las facultades expresadas a favor de terceras personas a través de los oportunos apoderamientos.

La Junta Directiva ejercerá estas facultades directamente por simple delegación en alguno o algunos de sus miembros.

19

Artículo 49

REPRESENTACION DEL CLUB

La representación del Club corresponde, en principio, al Presidente de la Junta Directiva, sustituido, en su caso, por el Vicepresidente o Vicepresidentes, según su rango, o por las personas en las que aquél delegue.

En último término ostentará la representación, aquellos miembros de la Junta a los que las normas legales consideran necesarios para su constitución.

En el supuesto de que la Presidencia quede vacante, de forma definitiva, la Junta Directiva elegirá entre sus miembros, un nuevo Presidente, debiendo ser ratificado por la Asamblea General.

Artículo 50

COMISIONES, JUNTAS, PONENCIAS Y SECCIONES

Sin perjuicio de lo especialmente establecido en estos Estatutos y lo que legalmente deba aplicarse, la Junta Directiva podrá crear Comisiones o Ponencias, permanentes o transitorias, a las que se encomendarán el estudio y resolución de cuantas cuestiones estime oportunas. Asimismo, la Junta Directiva podrá crear y establecer las Secciones Deportivas y Sociales que estime, pudiendo, incluso, crear socios especiales para ellas.

Artículo 51

REUNIONES Y ACUERDOS

La Junta Directiva se reunirá preceptivamente, al menos una vez al mes, y para tomar acuerdos, será necesaria la asistencia de la mitad más uno de sus componentes. En segunda convocatoria, serán válidos los acuerdos adoptados, cualquiera que sea el número de asistentes.

Los acuerdos serán tomados por mayoría entre los asistentes, con voto decisorio del Presidente, en caso de empate.

Artículo 52

PRESIDENTE. SUS ATRIBUCIONES

Además de las recogidas en otros artículos de los Estatutos, son atribuciones del Presidente:

1. Representar por derecho propio a la Entidad, en todos sus actos, tanto públicos como privados.

2. Presidir y dirigir la Junta Directiva, Juntas Generales, ordinarias y extraordinarias y la ejecución de los acuerdos.

3. Realizar, resolver y tramitar por razones de urgencia, los asuntos propios de la Junta Directiva, a la que deberá informar preceptivamente.

4. Exigir el cumplimiento de los presentes Estatutos, así como cualquier norma de carácter interno del Club, y las obligaciones inherentes a cada miembro de la Entidad.

20

sea Directivo, Empleado o Socio, respetando y haciendo respetar los derechos de los mismos.

5. Exaltar y velar, en todo caso, por el prestigio y buen nombre de la Entidad.

6. Otorgar cuantos documentos públicos y privados sean precisos para las actividades propias del Club.

Artículo 53

VICEPRESIDENTE

Los Vicepresidentes, con la prelación determinada por el número de su nombramiento, ostentarán siempre la representación de la Entidad y sustituirán al Presidente, en los supuestos de ausencia y en los demás referidos en estos Estatutos.

Cuando formen parte de Comisiones, Ponencias, o Secciones en las que no esté integrado el Presidente, naturalmente, ostentarán las Presidencias.

Artículo 54

SECRETARIO

Corresponderán al Secretario, las siguientes funciones:

1. La redacción de las actas de las Juntas Generales y de la Junta Directiva.
2. Refrendar con la firma del Presidente, toda clase de actas y comunicaciones.
3. Llevar los libros de actas de la Junta General y de la Junta Directiva.
4. Extender las certificaciones que se soliciten y deban ser expedidas.
5. Llevar los registros y las listas de los socios del Club y de todos los particulares que en ellas deban constar.
6. Dar cuenta en las secciones de los asuntos que deban discutirse, conforme al orden de la convocatoria.

Artículo 55

TESORERO

Corresponde al Tesorero:

1. Firmar los recibos correspondientes a cuotas de socio.
2. Recaudar y custodiar los fondos y créditos de la Entidad.
3. Llevar el control de la Caja, con cuenta exacta y minuciosa de las entradas y salidas.
4. Custodiar los comprobantes de los cobros y pagos.
5. Confeccionar la liquidación del Presupuesto del Ejercicio anterior, que deberá presentar a la Junta, con el informe previo del Contador, para su posterior inclusión en la Memoria.
6. Elaborar, con el Contador, el Presupuesto del año siguiente.

21

261

Artículo 56

CONTADOR

Corresponde al Contador:

1. La intervención de los ingresos y gastos de la Entidad.

2. Orientar y supervisar la Contabilidad del Club de acuerdo con los principios de técnica contable.

3. Informar a la Junta Directiva, junto con el Tesorero, sobre la evolución del Presupuesto, al menos, una vez al trimestre.

4. Elaborar los Balances e Inventarios anuales, así como, junto con el Tesorero, el Presupuesto del año siguiente, todo ello para su sometimiento a las Juntas Directiva y General.

Artículo 57

DELEGACION DE FUNCIONES

Las funciones de los miembros de la Junta Directiva, podrán ser delegadas en empleados del Club, siempre que de ello tenga conocimiento dicha Junta y se haya autorizado expresamente.

CAPITULO III

ORGANOS ESPECIALES

Artículo 58

JUNTA DE GESTION ELECTORAL

La Junta de Gestión Electoral es la encargada de preparar, tramitar y desarrollar todos los procedimientos electorales del Club, y, de forma especial, lo relativo a la composición de la Asamblea General y de la Junta Directiva.

El nombramiento de la Junta de Gestión Electoral se verificará en la Asamblea General y estará constituida por cinco titulares y cinco suplentes designados de la siguiente forma:

Un Presidente, y su Suplente, elegidos entre y por los cien socios más antiguos del Club.

Dos Vocales, y sus correspondientes suplentes, elegidos entre y por los miembros de la Asamblea.

Y otros dos Vocales, y sus correspondientes suplentes, elegidos por la Junta Directiva.

Actuará de Secretario el más joven de los Vocales.

Los titulares, obligados a actuar, serán sustituidos por los suplentes, según su orden de nombramiento, en los supuestos de vacante no cubierta, imposibilidad accidental o incompatibilidad cuando el titular esté interesado, en el procedimiento electoral, como candidato.

22

Todos los miembros deberán prestar su aceptación.

Las vacantes se producen por renuncia, fallecimiento, incapacidad y por caducidad de su nombramiento.

El nombramiento tendrá una duración mínima de dos años, pudiendo ser sus miembros reelegibles expresa o tácitamente.

Las actuaciones de la Junta de Gestión Electoral podrán hacerse en presencia de Delegados Federativos, cuando así se disponga o la propia Junta lo estime conveniente.

Contra las decisiones de la Junta de Gestión Electoral, dentro del Club, solo procede la revisión ante el mismo Organo, debiendo presentar el recurso en las cuarenta y ocho horas siguientes a dichas decisiones, para ser resuelto en los tres días hábiles siguientes.

Articulo 59

COMISION DE DISCIPLINA SOCIAL

El Real Madrid Club de Fútbol deberá contar con una Comisión de Disciplina Social, que funcionará de manera autónoma y tendrá a su cargo la apreciación y calificación de los hechos cometidos y actitudes observadas por los socios del Club, que le sean denunciados y sometidos a su consideración, proponiendo a la Junta Directiva la aprobación de las sanciones que estime procedentes en cada caso.

Esta Comisión se compondrá de un número de miembros que puede oscilar entre siete y once.

Para ser miembro de esta Comisión, será preciso ser elegido o confirmado por la Junta General Ordinaria y reunir los mismos requisitos que para ser miembro de la Junta Directiva. El funcionamiento de esta Comisión, será regulado por un Reglamento que previamente ha de ser aprobado por la Junta Directiva del Club.

En los expedientes instruidos por la Comisión, será necesariamente oído el socio inculpado, a no ser que renuncie a ello o se situe en rebeldía. En las Juntas Generales Ordinarias será presentada y sometida a su conocimiento, una Memoria redactada por la Comisión sobre la actuación de la misma, pudiendo ser revocadas sus resoluciones, en su caso.

TITULO V
EXTINCION DE LA ENTIDAD

Articulo 60

Q U O R U M

Teniendo en cuenta los fines perseguidos por el Real Madrid Club de Fútbol, la duración ilimitada de la vida de la Entidad, y su naturaleza jurídica, con personalidad autónoma e independiente, la extinción del Club sólo procederá por prescripción legal o por acuerdo de las cuatro quintas partes de los miembros que asistan a la Junta General, especialmente convocada para este efecto a solicitud de la Junta Directiva, y siempre que estén presentes las dos terceras partes de sus componentes.

23

Artículo 61

LIQUIDACION Y DESTINO DEL PATRIMONIO

Acordada la extinción, la Junta Directiva procederá a la liquidación de deudas para determinar el activo patrimonial existente.

En orden al destino de este patrimonio, se estará, en primer lugar, a lo establecido por las disposiciones legales vigentes, emanadas de las Jerarquías Deportivas con facultad para ello.

Cuando no haya disposición legal aplicable o existiendo, ésta o las Autoridades Deportivas lo permitan, la Junta General que acuerde la extinción, deberá nombrar una Comisión encargada de la creación y constitución de una Fundación que llevará el nombre del Real Madrid (FUNDACION REAL MADRID), la cual tendrá como fin la promoción y desarrollo del deporte físico e intelectual; a esta fundación se dotará con el patrimonio del Real Madrid Club de Fútbol, verificando su entrega la última Junta Directiva. En el acto de constitución fundacional, se determinará el procedimiento para la designación y remoción de los Patronos que recaerá en personas o Entidades vinculadas a la actual Institución.

Dicha Comisión, una vez cumplido su encargo, convocará nuevamente a la misma Junta General, dando cuenta de su gestión y, habiendo sido aprobada por simple mayoría, quedará extinguido el Real Madrid Club de Fútbol.

TITULO VI
DISPOSICIONES COMPLEMENTARIAS

DISPOSICIONES GENERALES

PRIMERA.—Quedan nulos y sin efectos los Reglamentos y Estatutos anteriores.

Todos los casos no previstos en estos Estatutos, serán resueltos por la Junta Directiva, cuyo acuerdo tendrá carácter preceptivo hasta la primera Junta General, la cual resolverá en definitiva.

SEGUNDA.—Si durante la vigencia de estos Estatutos surgieran disposiciones obligatorias de rango superior quedará en suspenso el Artículo que no esté de acuerdo con las citadas disposiciones. A estos efectos queda facultada la Junta Directiva para que, sin necesidad de reformar los Estatutos, pueda hacer el debido acoplamiento entre las normas obligatorias y las Estatutarias.

TERCERA.—El mandato de la primera Asamblea caducará el 31 de Diciembre de 1983.

TITULO VII
DISPOSICION FINAL

Los presentes Estatutos entrarán en vigor desde la fecha en que sean aprobados por la Junta General y por los Organos competentes.

Madrid.

EL PRESIDENTE,   EL SECRETARIO
LUIS DE CARLOS   MIGUEL MESTANZA

Yo, MIGUEL MESTANZA FRAGERO, Notario del Ilustre Colegio de Madrid, con residencia en esta Capital,-
DOY FE: De que los presentes Estatutos del REAL MADRID C. de F., en cada una de cuyas hojas pongo - el sello de mi Notaría, son reproducción exacta de los que figuran incorporados al acta que autoricé el día 26 de los corrientes, bajo el número 2.927 de mi protocolo, con los que los he cotejado. ------
Madrid, a 30 de julio de 1982.

ESTADÍSTICAS

PRIMER EQUIPO DE FÚTBOL DEL REAL MADRID

TÍTULOS Y RECONOCIMIENTOS

Títulos y reconocimientos	1977/78 (Santiago Bernabéu)	1978/79	1979/80	1980/81	1981/82	1982/83	1983/84	1984/85 (Ramón Mendoza 24/05/1985)
Copa del Rey	Campeón	Subcampeón	Campeón		Campeón	Subcampeón	Semifinalista	
Liga		Campeón	Campeón	Subcampeón	Tercero	Subcampeón	Subcampeón	
Copa de Europa (Champions League)								
Copa de la UEFA (Europa League)			Semifinalista	Subcampeón				Campeón (22/05/1985)
Recopa de Europa						Subcampeón		
Copa de la Liga						Subcampeón		Campeón (15/06/1985)
Supercopa de España						Subcampeón		
Reconocimientos			Team of the Year/European Challenge Interclubs (primera vez conseguida, único club español)					
Otros títulos			Trofeo Milenario (Bruselas), Teresa Herrera (Coruña), Inmortal Ciudad de Gerona, Ciudad de Caracas	Teresa Herrera (Coruña), Trofeo Ciudad de Palma, Inmortal Ciudad de Gerona, Subcampeón II Trofeo Santiago Bernabéu	Ciudad de la Línea, Ciudad de Vigo, Inmortal Ciudad de Gerona, Santiago Bernabéu, Torneo Ibérico	Ciudad de la Línea, Ciudad de Vigo, Trofeo Carranza,	Ciudad de Palma, Ciudad de Barcelona, Trofeo Bernabéu	Concepción Arenal, Trofeo Colombino, Festa d'Elig, Santiago Bernabéu

Equipos	1977/78 (Santiago Bernabéu)	1978/79	1979/80	1980/81	1981/82	1982/83	1983/84	1984/85 (Ramón Mendoza 24/05/1985)
Aficionado/ 3ª División	Campeón de Castilla. Copa Ramón Triana. 3º, Cat.I, Regional Preferente		Campeón de Castilla. Subcampeón del Campeonato de España. Subcampeón Torneo Juniors	Subcampeón 1ª Regional (Ascenso a 3ª Nacional). Campeón Campeonato de Castilla.	Campeón Torneo San Juan de Puerto Rico	Campeón Copa de la Liga 3ª División	Subcampeón Grupo VII, 3ª División (se renuncia a luchar por el ascenso)	Campeón Grupo VII, 3ª División (se renuncia a luchar por el ascenso). Campeón Copa Comunidad Autonómica de Madrid
Juvenil A	Campeón de Copa del Rey, Campeón grupo 7 Liga Nacional	Campeón grupo 7 Liga Nacional	Campeón Grupo 2 Liga Nacional. Subcampeón Campeonato de España. Campeón Torneo Villa de Ferreries. Subcampeón Santiago Bernabéu. Campeón Torneo San Isidro. Campeón Torneo Erga France. Campeón Torneo Iveco.	Subcampeón Grupo 2 Liga Nacional. Campeón Campeonato de España. Campeón Trofeo Santiago Bernabéu. Campeón Torneo Football Espoirs. Campeón Copa Primavera. Campeón Torneo Juvenil Llacet de Mar	Campeón Grupo 1, Liga Nacional. Campeón Campeonato de España.	Campeón Grupo 1 de Liga Nacional	Subcampeón Grupo 1 Liga Nacional. Campeón Torneo Bernardo Jaume. Campeón Copa Primavera. Campeón Kultur-Cup	Campeón Grupo I Liga Nacional. Campeón Copa del Rey.
Juvenil B	Campeón Grupo 1, 1ª Regional. Campeón Copa Primavera	Campeón 1ª Regional. Campeón Torneo Alençón	Campeón Grupo 3, 1ª Regional	Subcampeón Grupo 1, 1ª Regional. Campeón Trofeo Jean-Baptiste L'Ecluse	Campeón Torneo de Pacques	Campeón Grupo 1, 1ª Regional		Campeón Campeonato Regional
Juvenil C	Campeón Grupo 2, 2ª Regional	Campeón Grupo 1, 2ª Regional	Subcampeón Grupo 2, 2ª Regional	Subcampeón Grupo 2, 2ª Regional	Campeón Grupo 2, 2ª Regional	Campeón Grupo 1, 2ª Regional	Campeón Grupo 1, 1ª Regional	Subcampeón Grupo 1, 1ª
Prejuvenil A	Subcampeón Grupo 2							
Prejuvenil B								
Infantil A		Campeón 1ª Regional	Campeón 1ª Regional. Campeón Trofeo Semana Santa	Campeón 1ª Categoría	Campeón 1ª Categoría	Campeón 1ª Categoría	Subcampeón 1ª Categoría. Campeón Copa Federación	Campeón Campeonato Regional, 1ª Categoría. Campeón Copa Comunidad Autónoma de Madrid
Infantil B		Subcampeón 2ª Regional	Subcampeón 2ª Regional	Subcampeón Grupo 1, 2ª Categoría	Campeón Grupo 2, 2ª Categoría	Campeón de Castilla. Campeón Grupo 1, 2ª Categoría	Campeón Grupo 1, 2ª Categoría	Campeón Grupo I, 2ª Categoría
Alevín	Subcampeón Grupo 1 Regional	Campeón Grupo 1 Regional	Campeón 1ª Categoría	Campeón Grupo 1. Campeón Torneo Pupilles	Campeón Grupo 1.	Campeón de Castilla	Campeón Grupo 1 de Liga. Campeón de Castilla	Campeón Grupo 1 de Liga. Subcampeón de Castilla
Benjamín						Campeón Torneo Football Poussins	Campeón Torneo Football Poussins	Campeón Torneo Football Poussins

Equipos	1977/78 (Santiago Bernabéu)	1978/79	1979/80	1980/81	1981/82	1982/83	1983/84	1984/85 (Ramón Mendoza 24/05/1985)
Castilla	Subcampeón 2ªB, Ascenso a 2ª		Subcampeón de Copa del Rey	Disputó la Recopa de Europa	Campeón Trofeo Villablanca		Campeón 2ª División. Campeón Trofeo Cervantes	Campeón Trofeo Villa de Leganés. Subcampeón Trofeo de Marbella. Campeón Trofeo Cervantes. Campeón Ciudad de Mérida
Juvenil A	Subcampeón de Castilla, Ascenso a Liga Nacional	Subcampeón Copa Federación	Campeón Torneo Junior Challenge Serge Jeanjacquot	Subcampeón Grupo 1, Liga Nacional		Campeón Grupo 4, Liga Nacional	Campeón Grupo IV Liga. Subcampeón Copa del Rey	Subcampeón Grupos IV, Liga. Campeón Copa Federación
Juvenil B		Campeón 2ª Regional	Subcampeón, Grupo 2, 1ª Regional	Campeón Grupo 2, 1ª Regional. Subcampeón Campeonato de Castilla, 1ª Regional	Campeón Grupo 2, 1ª Regional. Campeón de Castilla, 1ª Regional. Campeón Copa Federación. Trofeo Hispano-Francés	Campeón Copa Federación. Campeón Grupo 2, 1ª Regional	Campeón Grupo 2, 1ª Regional	Campeón Grupo 2, 1ª Regional
Juvenil C		Campeón 3ª Regional	Subcampeón Grupo 1, Regional	Campeón Grupo 2, 1ª Regional. Campeón Campeonato de Castilla, 1ª Regional. Campeón Trofeo Hispano-Francés.		Subcampeón Grupo 2, 2ª Regional	Subcampeón Grupo 1, 2ª Regional	Subcampeón Grupo 1, 2ª Regional
Prejuvenil A	Campeón Grupo 1							
Prejuvenil B	Campeón Grupo 2							
Infantil		Subcampeón 1ª Regional	Subcampeón 1ª Regional	Subcampeón 1ª Categoría			Subcampeón Copa Federación	3º, 1ª Regional. Subcampeón Copa Federación
Alevín	3ª Grupo 2, Regional		Subcampeón 2ª Regional	Subcampeón Grupo 2		Subcampeón Grupo 2	3º Grupo 2, Regional	

Notas: sólo hay datos de prejuveniles en la temporada 1977/78, mientras que infantil aparece a partir de la temporada 1978/79

JUGADORES INTERNACIONALES DE FÚTBOL DEL REAL MADRID

Selección	1977/78 (Santiago Bernabéu)	1978/79	1979/80	1980/81	1981/82	1982/83	1983/84	1984/85 (Ramón Mendoza 24/05/1985)
Selección nacional		Del Bosque, Santillana, Miguel Ángel, San José, Juanito	Santillana, Camacho, Del Bosque, Juanito, San José, García Navajas	Camacho, Gallego, García Hernández, Juanito, Pineda, Santillana	Agustín, Camacho, Gallego, García Hernández, Ito, Juanito, Santillana	Bonet, Camacho, Gallego, Juan Jose, Santillana	Santillana, Camacho, Gallego, Butragueño	Santillana, Butragueño, Camacho, Gallego
Otras selecciones		Jensen (Dinamarca), Stielike (Alemania Occidental)	Stielike (Alemania Occidental), Cunningham (Inglaterra)	Stielike (Alemania Occidental), Cunningham (Inglaterra)	Stielike (Alemania Occidental)	Stielike (Alemania Occidental), Metgod (Países Bajos)	Stielike (Alemania Occidental)	Stielike (Alemania Occidental), Valdano (Argentina)
España Sub-23			Sabido, Rincón, Agustín		Agustín, Pineda, Espinosa			
España Sub-21		Sabido	Sabido, Pérez García, Agustín	Agustín, García Navajas, Chendo, Espinosa, Juanito, Salguero	Agustín, Ito, Pineda, Espinosa, Francis	Fraile, Chendo, Cholo, Francis, Michel	Butragueño, Martín Vázquez, Chendo, Sanchís, Francis, Michel	Sanchís, Gay, A. Martín
España Sub-20			Juanito, Agustín					
España Sub-19				Chendo, Juanito				
Sub-18						Martín Vázquez, Pardeza, Sanchís, Solana	Martín Vázquez, Losada, Gay, Llorente	Bernardo, Garrido Canales, Eusebio Fuentes, Losada, Mandía, Rodri
Sub-16						Gómez González, Iglesias, Losada, Salmerón	Losada, Salmerón	Pajares, Sánchez Maqueda, Sastre, Vidal Butler
Equipo Olímpico (procedentes del Real Madrid C.F.)			Sabido, García Navajas, Portugal, Rincón			Juan José	Martín Vázquez	
Equipo Olímpico (procedentes del Castilla C.F.)		Agustín, Blanco, Gallego, Pérez García, Herrero Cuartango	Juanito, Pérez García, Agustín	Pérez García, Gallego, García Hernández, Serrano, Costa, Francis, Gilabert, Martín, Michel, Paquito, Pardeza, Santiago, Solana				
Selección Juvenil (procedentes del Real Madrid)		López Miró, Muñoz, Ochotorena, Pérez Durán, Costas	Juanito, Michel, Francis		Blanco, Costa, Martín, Pardeza, Solana			

Títulos	1977/78 (Santiago Bernabéu)	1978/79	1979/80	1980/81	1981/82	1982/83	1983/84	1984/85 (Ramón Mendoza 24/05/1985)
Intercontinental	Campeón			Campeón (Mundial)				
Copa de Europa	Campeón	Semifinalista	Campeón	Semifinalista				Subcampeón
Recopa de Europa							Campeón	
Liga		Campeón	Campeón	Tercero	Campeón	Subcampeón. Retirado en Semifinales por entender incumplimiento de acuerdo del FC Barcelona (equipo rival)	Campeón	Campeón
Copa del Rey	Subcampeón	Semifinalista		Semifinalista	Subcampeón		Tercero	Campeón
Supercopa de España								
Otros títulos	Trofeo De Navidad Philips	Trofeo De Navidad Philips						Campeón 1ª edición Memorial Héctor Quiroga. Torneo Comunidad de Madrid.

CATEGORÍAS INFERIORES DE BALONCESTO DEL REAL MADRID

Categorías	1977/78 (Santiago Bernabéu)	1978/79	1979/80	1980/81	1981/82	1982/83	1983/84	1984/85 (Ramón Mendoza 24/05/1985)
Junior	Campeón de España. Campeón de Castilla. Campeón Copa Primavera	Campeón de España. Campeón de Castilla.	Campeón Copa Primavera	Subcampeón de España. Campeón de Castilla. Campeón Copa Primavera	Campeón de España. Campeón de Castilla. Campeón Copa Primavera	Campeón de Castilla. Campeón de España	Campeón de Castilla. Campeón Copa Primavera	Campeón de Madrid. 3º Campeonato de España. Subcampeón Copa Primavera de la Federación Madrileña.
Juvenil	Campeón Copa Primavera		Campeón de España. Campeón de Castilla. Campeón Copa Primavera	Campeón de España. Campeón de Castilla. Campeón Copa Primavera	Campeón Copa Primavera	Campeón de España. Campeón de Castilla. Campeón Copa Primavera	Subcampeón de España. Campeón de Castilla. Campeón Copa Primavera	Subcampeón Campeonato de Madrid. Subcampeón Copa Primavera
Infantil								Campeón de Madrid. 3º Campeonato de España. Subcampeón Copa Autonómica. Campeón Torneo Agustinianos.

Notas: la categoría infantil se creó para la temporada 1984/85.

271

JUGADORES INTERNACIONALES DE BALONCESTO DEL REAL MADRID

Selección nacional	1977/78 (Santiago Bernabéu)	1978/79	1979/80	1980/81	1981/82	1982/83	1983/84	1984/85 (Ramón Mendoza 24/05/1985)
Selección nacional		Brabender, Rullán, Corbalán y López Iturriaga	Brabender, Rullán, Corbalán, Iturriaga, Llorente y Romay	Brabender, Rullán, Corbalán y Romay	Brabender, Iturriaga, Romay, Martín y Corbalán	Corbalán, Fernando Martín, Romay, López Iturriaga y Hernangómez puntualmente ascendido desde los senior	Corbalán, Fernando Martín, Romay e Iturriaga	Fernando Martín, Romay e Iturriaga
Selección europea		Brabender, Rullán y Corbalán	Brabender, Rullán y Corbalán	Rullán y Corbalán	Corbalán y Dellbasic			
Selección nacional Junior					Hernán Gómez, Peña, Rementería, Rodríguez y Velasco	Velasco, Hernangómez, Peña y Rementería	Orenga, Simón, Antonio Martín y Ruiz	Barros, Carbonell, Martín y Carbajal
Selección nacional juvenil						Orenga, Marcos y Seguí	Genovart y Clavería	Criado, Mateo, Villar y Albert
Selección nacional infantil								Pérez
Selección castellana juvenil				Rementería, Rodríguez, Ruiz, Peña, Huerga y Velasco	Enrique Rollán, Juan Antonio Orenga y José Carlos Delgado			
Selección autonómica madrileña infantil								Alsa, Pérez, Pleguezuelos, Díaz, Donadiós

Notas: la categoría infantil se creó para la temporada 1984/85. La provincia de Madrid se constituye en Comunidad Autónoma independiente de la antigua región de Castilla-La Nueva en 1983, lo que da pie a la nueva selección autonómica

VOLEIBOL DEL REAL MADRID

Títulos	1977/78 (Santiago Bernabéu)	1978/79	1979/80	1980/81	1981/82	1982/83	1983/84	1984/85 (Ramón Mendoza 24/05/1985)
Liga	Campeón	Campeón	Campeón	Subcampeón	Subcampeón	Campeón		
Copa del Rey	Campeón	Campeón	Campeón	Campeón	Subcampeón	Campeón		
Copa de Europa	Subcampeón				Semifinalista			
Otras condecoraciones	Placa al Mérito Deportivo y de Promoción (otorgada por la Federación Española de Voleibol)							
Otros títulos	Trofeo 500 aniversario de Las Palmas			Subcampeón Torneo de Reyes	Campeón Torneo Jan Baicochet			
Juvenil	Campeón Trofeo Federación Provincial. Subcampeón Liga Provincial.		Campeón Nacional. Subcampeón provincial. Campeón Trofeo López Arjona	Subcampeón Nacional. Subcampeón provincial. Subcampeón Trofeo López Arjona		Semifinalista		
Infantil/Cadete			Campeón Nacional. Subcampeón provincial	Subcampeón provincial		Campeón		

Notas: la sección de voleibol se disolvió en la temporada 1982/83 por falta de público en los partidos, con una moda de 20/30 espectadores en los partidos y unos máximos de 200

273

JUGADORES INTERNACIONALES DE VOLEIBOL DEL REAL MADRID

Selección nacional	1977/78 (Santiago Bernabéu)	1978/79	1979/80	1980/81	1981/82	1982/83	1983/84	1984/85 (Ramón Mendoza 24/05/1985)
Jugadores Internacionales			Pérez Álvarez, Fernández Barros, Gastón Bravo, Álvarez Gómez, Ortiz Ruz, Sánchez Jover, García Gómez, Monje Muñoz, Calero López-Flores y Carro Calleja Gris	Pérez Álvarez, Fernández Barros, Gastón Bravo, Ortiz Ruz, Sánchez Jover, García Gómez, Monje Muñoz, Calero López-Flores, Carro Calleja, Ruiz Cediel, Gris Sevillan y Murgui Fernández	Todos los jugadores de la plantilla fueron llamados a las distintas selecciones nacionales en una u otra ocasión, así como alguno de los jugadores de los equipos juvenil y cadete, fueron convocados a operaciones de control, promoción etc.	Puede señalarse que, prácticamente, todos nuestros jugadores de las distintas categorías fueron llamados en el transcurso de la temporada a las Selecciones Nacionales respectivas.		
Otras convocatorias nacionales			4 Juveniles, 7 Infantiles	3 Juveniles, 4 Infantiles				

Notas: la sección de voleibol se disolvió en la temporada 1982/83 por falta de público en los partidos, con una moda de 20/30 espectadores en los partidos y unos máximos de 200

274

ATLETISMO DEL REAL MADRID

Títulos	1977/78 (Santiago Bernabéu)	1978/79	1979/80	1980/81	1981/82	1982/83	1983/84	1984/85 (Ramón Mendoza)
Cros por equipos	Terceros Campeonato de España Senior. Subcampeones Campeonato de España Juvenil. Campeones provinciales Senior. Campeones provinciales Junior. Campeones provinciales Juvenil. Campeones provinciales infantil. Campeones cros nacional Fuenlabrada Senior. Campeones nacional Fuenlabrada Juvenil. Subcampeones Copa de Madrid. Campeones Felipe II Juvenil. Campeones Moratalaz Juvenil.	Terceros Campeonato de España. Campeones Campeonato provincial Senior. Subcampeones Campeonato provincial Junior.	DISUELTA					
Cros individual	Campeón de España Senior. Campeón de España Junior. Campeón provincial Senior. Campeón Nacional Fuenlabrada Senior. Campeón Internacional Lasarte Junior. Campeón Internacional Amorebieta Junior. Campeón San Silvestre Vallecana Junior. Subcampeón provincial Junior. Tercero Campeonato provincial Junior.	Campeón y tercer puesto Campeonato de España. Campeón y subcampeón Campeonato de España. Campeón Jean Boin y Gran Premio de Avilés.	DISUELTA					
Pista cubierta individual	Campeón Nacional Juvenil en longitud. Campeón Nacional Juvenil de Salto de Altura. Campeón Nacional Juvenil en 1500 metros lisos	Campeón Nacional Juvenil 2000 metros lisos y 1000 metros lisos. Récord de España Juvenil de 1500 metros lisos.	DISUELTA					
Pista al aire libre		Campeón Nacional 5.000 y 10.000 metros Senior. Subcampeón Campeonato de España 10.000 metros Senior. Campeón 2.000 metros obstáculos y 3.000 metros lisos Junior. Campeón 1.500 metros lisos Juvenil.	DISUELTA					
Gran Fondo y Maratón individual	Campeón de España de gran fondo y tercero en la Marathon popular de Madrid	Campeón y subcampeón provincial Gran Fondo. Tercero en Marathon.	DIGUELTA					
Marcha atlética individual	Campeón provincial en diferentes distancias.		DISUELTA					
Pruebas internacionales por equipos	Terceros en la Vuelta a la Ciudad de Vigo (primer equipo español)		DISUELTA					

Notas: La sección de atletismo fue disuelta en la temporada 1979/80 por falta de proyección

PEÑAS DEL REAL MADRID

Ubicación	1977/78 (Santiago Bernabéu)	1978/79	1979/80	1980/81	1981/82	1982/83	1983/84	1984/85 (Ramón Mendoza 24/05/1985)
Madrid y provincia	105	128	123	128	137	148	155	159
Resto de provincias	125	140	154	152	181	224	283	330
Resto del Mundo	3	5	4	4	4	7	7	9
Total	233	273	281	284	322	379	445	498

Notas: en agosto de 1980 se produce la I Reunión General de Peñas, lo que redunda en el crecimiento significativo en los años de mandato de Luis de Carlos

276

USUARIOS DE INSTALACIONES DEL REAL MADRID

Instalaciones	1977/78 (Santiago Bernabéu)	1978/79	1979/80	1980/81	1981/82	1982/83	1983/84	1984/85 (Ramón Mendoza 24/05/1985)
Club de Tenis	38,565	39,405	40,219	42,944	42,387	37,100	39,240	31,311
Pista de Hielo	141,707	166,356	159,994	165,166	130.924 (Cerrada parcialmente por obras)	131,388	118,758	88,968
Pabellón de Deportes	10,029	9,300	14,598	9,823	10,325	9,656	11,924	13,150
Fútbol	51,136	61,623	64,716	62,901	86,326	81,250	68,000	68,000
Fútbol Sala							3,150	3,987
Atletismo	70		78 Secc. Disuelta (Incluido en Pabellón de Deportes)					
Voleibol	4,900	5,200		5,181	4,906	4,307 Secc. Disuelta	Secc. Disuelta	
Piscinas Ciudad Deportiva	60,937	95,658	70,956	79,732	65,209	62,579	59,795	63,180
Piscina Estadio	34,639	42,433	37,876	Cerrada por obras	Cerrada	Cerrada	Cerrada	Cerrada
Ciudad Deportiva			1,268	1,201	1,338	1,411	846	214
Total	341,983	420,053	389,627	366,948	341,415	327,691	301,713	268,810
Media usuarios al día	936.94	1,150.83	1,067.47	1,005.34	935.38	897.78	826.61	736.47

Notas: la **pista de hielo** se cierra temporalmente en la temporada 1981/82 con motivo de las obras de reparación de la misma, con lo que afecta al número de usuarios y luego apenas se recupera e incluso desciende el número de usuarios. En la temporada 1983/84 se crea la sección de **fútbol sala**, por lo que es a partir de esta fecha cuando empezamos a tener datos de los usuarios de dichas instalaciones. En la temporada 1979/80 se disuelve la sección de **atletismo**, fecha a partir de la cuál carecemos de datos sobre los usuarios de dicha disciplina deportiva. En la temporada 1979/80 se incluyen los datos de uso de las instalaciones de **voleibol** en los datos totales del Pabellón de Deportes, si bien el resto de temporadas aparecen desagregados en las memorias. En la temporada 1983/84 se disuelve la sección de **voleibol**, fecha a partir de la cuál carecemos de datos sobre los usuarios de dicha disciplina deportiva. La **piscina del Estadio Santiago Bernabéu** se cierra en la temporada 1980/81 con motivo de obras de remodelación de cara al Mundial de 1982, pero no volvemos a tener datos de la misma en las memorias.

SOCIOS DEL REAL MADRID

Socios	1977/78 (Santiago Bernabéu)	1978/79	1979/80	1980/81	1981/82	1982/83	1983/84	1984/85 (Ramón Mendoza)
Fútbol	Sin Poder admitir nuevas adhesiones	Sin Poder admitir nuevas adhesiones	Sin Poder admitir nuevas adhesiones	Sin Poder admitir nuevas adhesiones	54,400	54,591	55,430	53,211
Simpatizantes de fútbol								208
Tenis	3,711	3,472	3,420	3,281	3,326	3,066	2,738	2,557
Gimnasio			481		Cerrado por obras. No se admiten 241 socios	Cerrado	Cerrado	Cerrado

Notas: el gimnasio se clausura con motivo de las obras de remodelación del Estadio de cara al Mundial de 1982, por lo que se dejan de admitir socios (para no causarles perjuicio alguno). Desde ese momento no se vuelve a mencionar el gimnasio en las memorias

DATOS ECONÓMICOS DEL REAL MADRID

Datos económicos	1977/78 (Santiago Bernabéu)	1978/79	1979/80	1980/81	1981/82	1982/83	1983/84	1984/85 (Ramón Mendoza 24/05/1985)
Presupuesto	573,110,000	780,620,000	948,925,000	1,076,355,000	1,260,279,000	1,599,650,000	1,872,520,000	
Ingresos	642,272,970	824,011,477	1,176,242,552	1,217,113,659	1,430,323,529	2,105,653,135	1,795,273,280	2,325,596,000
Gastos	659,727,546	821,675,852	1,125,313,106	1,216,677,507	1,429,636,100	1,764,628,652	1,703,223,618	2,202,150,000
Superávit	0	2,335,625	50,929,446	436,152	687,429	341,024,482	92,049,662	212,742,000
Déficit	17,454,576	0	0	0	0	0	0	0

DATOS ECONÓMICOS DEL REAL MADRID POR SECCIONES DEPORTIVAS

Conceptos	1977/78 (Santiago Bernabéu)	1978/79	1979/80	1980/81	1981/82	1982/83	1983/84	1984/85 (Ramón Mendoza 24/05/1985)
Ingresos presupuestados fútbol	321,950,000	460,560,000	697,175,000	723,252,000	890,600,000	1,157,000,000	1,469,150,000	1,560,650,000
Gastos presupuestados fútbol	251,000,000	369,670,000	393,085,000	464,485,000	569,164,000	728,250,000	846,500,000	876,090,000
Ingresos finales fútbol	346,876,995	438,553,444	833,480,403	816,463,644	1,111,933,453	1,482,872,758	1,369,997,457	1,814,722,611
Gastos finales fútbol	260,383,313	362,430,586	475,597,909	549,341,084	632,960,669	891,770,140	800,500,582	1,047,374,814
Ingresos presupuestados fútbol amateur	12,000,000	7,600,000	4,500,000	3,500,000	6,600,000	7,000,000	5,000,000	6,000,000
Gastos presupuestados fútbol amateur	28,700,000	30,000,000	35,150,000	38,950,000	41,500,000	48,200,000	51,550,000	54,100,000
Ingresos finales fútbol amateur	20,457,684	7,554,867	5,301,736	6,108,776	6,510,722	4,075,409	5,030,685	4,353,935
Gastos finales fútbol amateur	31,819,447	29,920,630	37,073,235	50,617,065	8,768,973	49,666,256	51,856,533	57,598,396
Ingresos presupuestados 3ª División fútbol					1,000,000	3,500,000	3,000,000	3,000,000
Gastos presupuestados 3ª División fútbol					9,500,000	9,950,000	10,500,000	16,000,000
Ingresos finales 3ª División fútbol					3,006,571	2,388,821	2,931,563	3,446,045
Gastos finales 3ª División fútbol					8,768,973	10,332,143	14,562,498	13,320,300
Ingresos presupuestados Castilla	5,000,000	20,000,000	50,000,000	83,500,000	74,000,000	73,000,000	74,500,000	95,675,000
Gastos presupuestados Castilla	20,000,000	40,550,000	57,090,000	82,200,000	93,500,000	99,100,000	100,600,000	115,500,000
Ingresos finales Castilla	6,647,766	42,740,854	98,007,059	79,240,965	56,820,837	70,164,821	113,318,179	71,714,314
Gastos finales Castilla	28,282,899	47,084,014	75,945,682	84,675,222	88,806,572	103,733,923	132,540,088	110,752,925
Ingresos presupuestados Baloncesto	29,700,000	37,450,000	44,000,000	44,250,000	35,100,000	65,500,000	83,350,000	113,650,000
Gastos presupuestados Baloncesto	47,800,000	56,500,000	64,000,000	67,520,000	75,850,000	108,323,000	119,873,000	162,550,000
Ingresos finales Baloncesto	45,341,035	40,605,631	43,939,160	38,642,697	39,024,943	73,930,423	97,854,427	174,225,288
Gastos finales Baloncesto	65,303,434	54,032,813	62,888,195	66,870,453	84,925,762	110,074,119	146,767,060	215,059,930
Ingresos presupuestados secciones deportivas	1,400,000							

DATOS ECONÓMICOS DEL REAL MADRID POR SECCIONES DEPORTIVAS

Conceptos	1977/78 (Santiago Bernabéu)	1978/79	1979/80	1980/81	1981/82	1982/83	1983/84	1984/85 (Ramón Mendoza 24/05/1985)
Gastos presupuestados secciones deportivas	8,000,000							
Ingresos finales secciones deportivas	2,139,734							
Gastos finales secciones deportivas	8,067,884							
Ingresos presupuestados Voleibol		1,850,000	2,800,000	2,550,000	4,500,000	5,000,000		
Gastos presupuestados Voleibol		7,500,000	10,000,000	9,500,000	16,000,000	23,200,000		
Ingresos finales Voleibol		2,836,797	2,636,965	3,077,920	5,145,870	2,589,839		
Gastos finales Voleibol		7,694,881	9,461,183	12,343,182	23,097,093	20,698,867		
Ingresos presupuestados Atletismo		250,000	90,000					
Gastos presupuestados Atletismo		1,250,000	1,250,000					
Ingresos finales Atletismo		70,000	41,000					
Gastos finales Atletismo		1,028,758	173,324					

Notas: La sección de **atletismo** fue disuelta en la temporada 1979/80 por falta de proyección. La sección de **voleibol** se disolvió en la temporada 1982/83 por falta de público en los partidos, con una moda de 20/30 espectadores en los partidos y unos máximos de 200. Con el ascenso del equipo de aficionados a 3ª División, se desagrega el presupuesto de dicha sección del resto de fútbol amateur.

Fuentes: memorias oficiales del Club

Este libro, por encomienda de la editorial Almuzara, se terminó de imprimir el 8 de septiembre de 2023. Tal día, de 1928, la FIFA decide que el primer mundial se juegue en Uruguay.